ことはありますか?・」との質問をいたしますと、お父さんは幾分怒気を含まれて「そんな、人間じゃないようなことをしたことはありません」とキッパリと否定なされます。

「そんな〝人間じゃない〟ようなことを、私はしてまいりました。女房とイタしているところを少なくとも数百万人の日本国民の皆さまにお披露目してきたんです」

お父さんは目を白黒なさいます。

「私の50億円の借金と比べて、あなたさまの借金はたったの7千万円です。私は前科7犯ですが、あなたさまは前科などは何もない。その上、私は数百万人の日本国民の皆さまに、女房とイタしているところをご覧いただき、エンドウ豆大のイボ痔もご披露しているのに、あなたさまはそうした生き恥を、町内会の皆さまにだってさらしていることは何もなさっておられない。それなのに、たかだか7千万円の借金で、その辺りの枝ぶりのいい木にロープをかけて首をくくりたいなんぞは、片腹痛い、というものです。人間、上を見たらキリがありません。死んでしまいたいと思った時には下を見てください。ずーっと下です。そこにいる私を発見するはずです」

そう申し上げると不思議なことに、みるみるうちにお父さんの顔に生気が戻るのがわかります。今しも高倉健さまのヤクザ映画を見て映画館を出てきた観客のように、ヤル気満々になられて、「元気をもらいました。ありがとうございます」と、さっきまでの意気消沈ぶりはどこへやら、意気揚々と去って行かれます。

自分よりもっと酷い人生を生きている人間を知ると、視野狭窄に陥ることから免れ、「なぁんだ、まだ俺は大丈夫じゃないか」と再びヤル気が出てきます。

閉塞したこの時代、自分の存在感はそこにあるように考えます。

前だけを向いて泳いでいないと死んでしまうマグロのように、ひたすら成功と性交を追いかけてきた人生でした。その「禍福はあざなえる縄のごとし」の日々を振り返っての単行本です。

これからお付き合いください。ナイスですね！

村西とおる

目次

第2章　人生には再生できるチャンスが必ずあるんです　075

第3章 SEXでは負けない、というプライド

第4章　光は闇に輝いている、闇は光に勝てなかったを地でいく男の物語

第5章 「いくらでも嘘をつける女性」はいくらでもいる

第6章 パンツを脱げない人は、人生を他人事だと思っている

第7章　私の辞書には引退という文字はございません

第1章

この世はカネと女がすべてなのか？

001

妄想力こそ、神が富める者にも貧しき者にも平等に授け賜られた恩寵なのです

どういうことか、数字を覚えることが苦手です。嘘みたいな話ですが、自分の携帯電話の番号の11桁の数字が覚えられません。もう20年近く同じ番号を使っているのですが、今もってその番号を覚えることができないのです。

銀行のキャッシュカードの暗証番号も、これまたすぐ忘れてしまいます。たった4桁の数字なのですが、いつの間にか数字の順番がゴチャゴチャとなり、ATMで数字を適当に押したためにカードが使用停止となったことが何度かあります。数字をノートにメモしておけば済む話ですが、ズボラな性格が災いし、いつもホゾを噛んでいます。

お上にお世話になったときも数字のことで失敗をやらかしました。ご案内のように留置所では名前ではなくそれぞれに付与された番号で呼ばれることになるのですが、東京拘置所では留置人が多くその数字は4桁になります。毎朝、担当看

守さまが見回りに来て房の扉を開き、「番号!!」と号令をかけ点検をなさるのですが、このとき答えなければならない自分の4桁の番号をいえずに往生しました。毎朝口から出まかせの4桁の番号を口にしては担当看守さまを怒らせたものですが、1週間も同じことを繰り返していたら、終《しま》いには「まったく、お前という奴は……」と呆れられたのでございます。

これがハワイの拘置所では違いました。毎朝、自分の番号を元気に声を出して発声する、という義務を求められる「点検」はありませんでした。40人ほどの悪漢諸氏の同房者が収容されている大部屋の雑居房に、夕方近くの時間になると、担当の看守が一人で入ってきます。中はトイレやシャワー室が別々に仕切られていて、その中を覗き込んでは人数を確認し、大部屋全員の人数確認が終わると静かに去って行く、という日本と比べ至ってスムーズなやり方でした。

数字を覚えることは苦手な私でも、覚えて決して忘れることのないことがあります。お気に入りの女性との「まぐわい」のシーンです。これまで約7000人の女性の足の付け根を視姦してまいりましたが、とりわけ記憶に残る1000人ほどの女性の恥毛の様子から陰唇の色や形や匂いまで、ハッキリと鮮明に、まるで昨日のことのようにその1コマを頭の中に思い出すことができるのです。

わけても小学校の先生であった女性のことは、その淫猥《いんわい》なシーンの一つ一つが昨日のことのように目に浮かびます。その八千草薫さま似の小学校の先生は人妻で、私がバーテンダーの修業の日々に仕えていたチーフの奥様だったのです。

まだ高校を卒業したばかりの青二才の若僧にとって、その知的で可憐なチーフの奥様のことは、50年の時を経ても忘れることのできない「金字塔」となっています。

あれは、お店で起きたチーフとの諍《いさか》いがきっかけでした。

002
制約があってこそ、征服欲が掻き立てられ、燃えるのです

その日のチーフはご機嫌でした。小学校で教員をしている奥方が、同僚の女教師を誘って来店していたからです。気分が高揚したせいで「俺は偉い立場」を見せようとしたのでしょうか、カウンターの端にいた私のスネを、突然「モタモタしてんじゃない」と蹴り上げたのです。

痛みの声を押し殺してトイレに入り、手洗いの水を流し患部を冷やしていると、そこにチーフの奥様が現れました。「ウチの人は悪い人じゃないんです。ご免なさい」と詫びを入れて手の中の紙を渡してきたのです。紙には電話番号が書いてあり、翌朝電話をかけると、電話に出られた奥様が「夕べのお詫びに今晩お食事をご馳走させて」と誘ってくださいました。

お店には体の具合が悪いことを理由に電話で休むことを伝え、奥様から教えられた池袋から4つほど先の駅から歩いて10分のマンションに向かったのです。部

屋の呼び鈴を押すと中から「はい」と声がして扉が開かれ、そこには可愛いピンクのエプロンをした八千草薫さま似の奥様の素敵な笑顔がありました。冬でした。

部屋の中にはコタツが置いてあり、テーブルの上には鳥の鍋料理が用意されていて、その美味しい味付けに魅せられ、アッという間に平らげたのです。と奥様は私のコタツの隣に入ってきました。そのまま押し倒すと奥様は抗いません。形のいい唇に舌を割り入れると、奥様は自らの小さな舌先をチョロチョロと積極的に絡めてきたのです。

エプロンを剝ぎ、ブラウスのボタンを外し、ブラジャーを取り除いて上半身をむきました。白磁のような肌が露わになり、形のいいバストの乳頭はピンクに染まっていて、そのまま手を休めることなくベージュのフレアのスカートをお尻からパンティと同時に引きずり下ろし全裸にしました。漆黒の恥毛に隠されていた陰唇に亀頭をあてがうと、奥様は細い白魚のような指先で私の根元を握られてきたのです。

「ああ、凄く大きい」の奥様の言葉が合図となり、合体しました。挿入した瞬間、奥様は両の足を高く上げ、更に奥へと侵入を導かれたのです。チーフが家に帰ってくる時間の明け方近くまで5回は果てたように記憶しています。

19歳の私と情欲盛りの30歳の奥様は一睡もせずに互いを貪り合ったのです。抜け殻となった体を引きずりながら駅への途中で見た朝焼けが今でも目に焼き付いています。それから数日後、チーフは店の中で吐血し、救急車で運ばれました。診断では重度の内臓疾患ということで、山梨の故郷で療養するために奥様を連れて帰って行かれました。

数年後、今度は結婚していた私が留守中、女房に間男され、人の世の因果応報を味わうことになったのでしたが、ブドウ狩りの季節に山梨に行く度に今頃あの奥様は達者でおいでかと、懐かしく思い出すのです。

003 あなたさまが「人生は喜ばせごっこ」との生き方に徹するなら、すべての悩みは克服できるのです

昭和40年代に入ると日本の赤い灯青い灯がともる巷に、空前の洋酒ブームが巻き起こりました。仕掛けたのはサントリーやニッカといった洋酒メーカーでした。折からの高度成長期で戦後の焼け野原からようやく立ち上がり、未曾有の経済的豊かさを手にした日本のサラリーマン、労働者がターゲットになりました。コンパや洋酒喫茶と名付けられたそれらの店は「女性客の飲み物代は無料、あるいは半額」というものでした。

女性たちを特別に優遇し、それをコマセにして金払いのいい酔客の男どもを餌食にしようという戦略でした。

これがあたって日本の夜の巷に「洋酒喫茶・コンパ」が林立し、一夜のアバンチュールを求めて男女の客が押し寄せたのです。

その頃、千葉県柏市に米軍の「ゾウの檻」と称される通信基地がありました。そこでは旧ソ連や極東で飛び交う共産国諸国の通信傍受が行われていたのです。100人足らずの進駐軍の兵士さんがそのコミュニケーション基地に勤務していましたが、彼らは夜になると「いい女と安い酒」を求めて、その洋酒喫茶に足げく通ってきました。

また、そのアメリカ人兵士を求め紅毛碧眼好きの日本女性も姿を現し、柏の洋酒喫茶はさながら一夜限りのお見合い場の様相を呈していたのです。「アメリカ人の若い兵士を相手にできる発展場」の噂は関東周辺の好きモノ女性たちに鳴り響いたようで、ある日、横須賀から柏までイキのいいボンレスハムを求めてやってきた50歳過ぎの日本人女性がいました。聞けば彼女は戦争未亡人で朝鮮戦争でアメリカ人の夫を失い、その夫をどうしても忘れられず、柏までその面影を求めてやってきたというのです。

面影などといってもそこは生身の女性でございます。目的は昔の米国人亭主とよく似た男と再び気兼ねなく同衾してみたい、という肉欲でした。地元の横須賀では他人《ひと》の目があるから思うにまかせず、柏でなら夢が叶う筈、という切羽詰まった女心、情欲でございます。

であれば、と丁度お店に来ていた20歳のジョージ一等兵を紹介しました。求めているものが一緒だと結論は一瞬でございます。2人はお店を出て肉交に及ぶことにしたのでございますが、「場所を知らないのよ」と戦争未亡人のおねだりでございます。まだラブホがあちらこちらに散見する時代ではありませんでした。仕方なく私のマンションの場所を教え鍵を渡しました。

それから8時間ほどした午後7時頃、マンションの扉を開けると日米年の差母と息子ほどのカップルが、素っ裸で出てきました。母は息子に寄り添い「このオトコ、一晩中私を離さないで責め続けたのよ、もう腰が抜けて立っていられやしない」と宣ったのでございます。

この時、「熟女は底ナシ沼だ」の経験が、その後ＡＶ監督となって大いに役に立ったのでございます。

004 ファンタスティックにまいりましょう

全国の夜の街に「洋酒喫茶・コンパ」が日本中で人気となっていた時代。私がバーテンダー修業をしていた千葉県柏市の「コンパ」の酒場も、連日大入り満員の大盛況でした。お客には近くに米軍の通信基地があったことから米兵も少なくありませんでしたが、また、柏市には古くから「花柳街」がありました。そこで働く芸妓さんもお客と連れ立ち、時には仲間の芸妓とお店に遊びに来られました。店内にはお客が15人ほど座れるカウンターが6つほどあり、中でバーテンダーがシェイカーを振って供す、お洒落な空間が演出されていたのです。

バーテンダーには売上のノルマが課せられていました。目標を達成できなければすぐにカウンターから外のホールでボーイをしなければなりません。バーテンダーはせっかく手にした「自分のカウンター」を守ることに必死になって売上を獲得することに励んでいました。売上を上げるのに一番手っ取り早い方法は、特定の女性客を摑むことです。互いのカウンターのバーテンダーたちは競い合って自分専用の女性客の囲い込みに血道を上げました。少ない週でも5人、多い週なら10人の女性客と肉交を結び、お店に繋ぎ止めるために精進したのも懐かしい酒池肉林の思い出です。

また、売上アップのため、お客からご馳走される酒をガブ飲みしました。アブサン、ジン、ウォッカ、ウイスキー、ブランデーをロックのグラスに満たし、次から次へとあけてみせたり、一升瓶の日本酒を15分足らずで空にしたことがあります。さすがに日本酒の時は立っておられなくなり、その場にヘタリ込みましたが、よく急性アルコール中毒で病院に運ばれなかったものだと、今更ながらホッと胸をなでおろしています。

お客に丸坊主で袈裟を着た若い男がいました。なかなかの美男子で、店の女性客の憧れの的でしたが、男の好みの女性は50代以上の年配女性でした。若い女性の客の方から何か好きな飲み物をプレゼントしたい、とのオーダーが入るのでしたが、男はそれらを無下に断ることを躊躇《ちゅうちょ》しない神経の持ち主で、「ここには年老いた女性が来ないいんだね、残念だよ」のセリフを残し、その日以来、男は二度

第1章 この世はカネと女がすべてなのか？

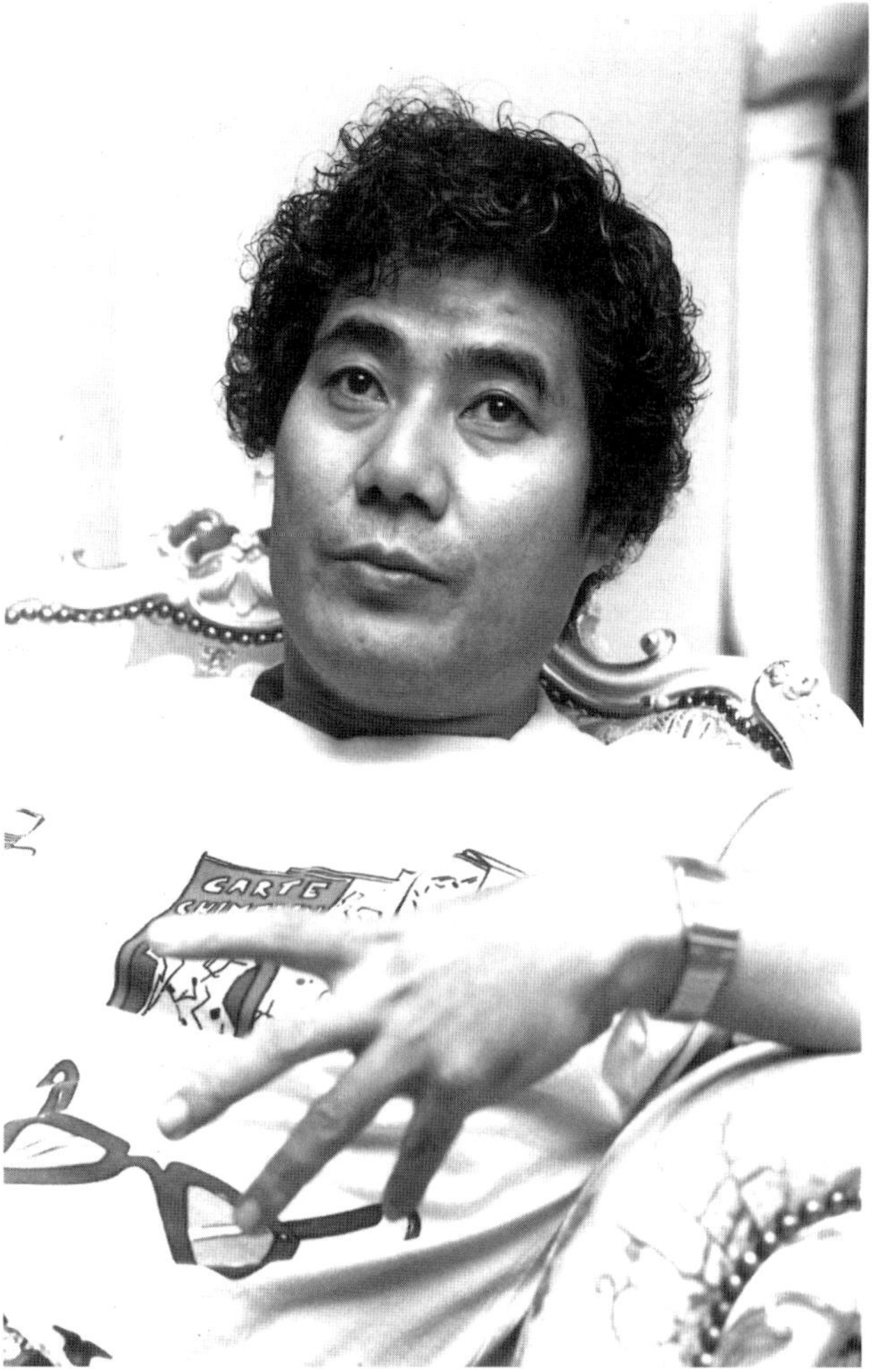

一瞬の休みもなく、ただ頭の中はエロのことでイッパイでハチ切れそうなのでございます

とお店に顔を出すことがなくなりました。

それから2週間ほど経った頃です。テレビのニュースに男の顔写真が大々的に報道されました。深夜、女房が産気づいたと、老いた助産師さまのところに飛び込み外に誘い出し、道中の野原で強姦に及んだということでした。男は好みの老いた女性を手に入れる、究極の選択をしたというワケです。

今でも不思議なことがあります。何故、本物の住職でもないのに、野郎はあんな袈裟姿で身を装っていたのか、ということです。

005

この世に恐ろしいものはない。それを扱う人間が恐ろしいから恐ろしくなるのです

20代の頃、暮らしていた北海道の真っすぐ延びた道を車で走っていると、後ろから追いついて来た車がクラクションを鳴らしてきました。「何事かしらん」と車を停止させると、後部の車から中年の男が薄い段ボール箱を持って降りてきたのです。そして運転席の私に「スミマセンね、私の勤めている工場が潰れてしまって、退職金代わりにこんなモノを貰ったんです」と段ボール箱の中を見せてきました。中に黒の礼服の上下が入っていました。

「家には女房子供が待っています。気の毒と思って定価の3分の1の値段でいいから引き取ってくれませんか」と懇願する男の熱意に負け、いわれるままに1万円を払い購入しましたが、家に帰って確かめてみると上着とズボンのサイズが違う。その頃日本に入ってきていた北朝鮮製の売りモノにならない粗悪品であることがわかったのです。

頼まれたら嫌といえない、道民の素朴な感情につけ込んだこの手の詐欺が、随分と長い間、北の大地に暗躍していました。

また、こんな詐欺師もいたのです。被害にあったのは知人の50代の酪農家の男ですが、ある日牧場で牧草を刈っていると、近くに荷台に荷物を満載したトラックが停まり、紳士然とした2人の男が降りてきました。そして30代の年長の男の方が矢庭《やにわ》にパチパチと拍手をしながら「おめでとうございます」と話しかけてきたのです。

何事かと戸惑っていると、もう1人の20代の男が両手に持っていた2升入りの日本酒のコモ樽をうやうやしく差し出し、「ご主人は抽選でこの地区の代理店に当選しました」と酪農家の男に持たせたコップにコモ樽の日本酒をなみなみと注いだのでした。

気が付けば2人の男もコモ樽の日本酒の入ったコップを手にしていて「カンパイ」の音頭をとりました。2人の男の勢いに気圧《けお》されて、ついコップの酒を口にした酪農家の男でしたが、元来、嫌いな方ではありません。飲むほどに、酔うほどに、気が大きくなり、ご機嫌となった男に、年長者の男がトラックから降ろした「幸運の金の大判小判の商売繁盛セット」の額縁を見せたのです。そして「これは東京で大人気の商品で、これから北海道でもテレビのコマーシャルを流して大々的に販売する予定です。この地区から注文を受けたらご主人様はそのお宅にこの品物を届けてお金を受け取って来るだけでいい。それだけで定価6万円の内3万円があなたの儲けになる」と甘い言葉で誘惑したのです。

ほろ酔い気分となった酪農家の男は、天から降ってきたかのようなありがたい儲け話に乗り、男たちと一緒に農協に出向き、トラックに1杯の100セット300万円を、預金を崩して「保証金」名目で差し出したのでした。

今日のSNSの時代のオレオレ詐欺とは違う、北海道ならではの牧歌的な詐欺が横行していた時代があったのです。

006

人の幸福はあらゆる苦悩を苦悩としない心の中に存在します

「死にたい、もうこれ以上苦しみたくないの」と彼女は泣き崩れました。彼女には夫と小学校に入ったばかりの男の子がいました。その2人に申し訳が立たないから死んで詫びたい、と思い詰めていたのです。

「ねえ、一緒に死んでくださるでしょう？」と彼女は私の目を見据えてきました。冗談にも「嫌だ」といえる雰囲気ではありません。彼女が命がけで私との恋に生きていたことを知っていたからです。私は当然のように「一緒に死のう」と彼女を抱きしめたのです。それから一週間後、彼女を乗せた車で支笏湖に向かいました。湖畔の駐車場に車を停め、用意していた睡眠薬の小瓶を取り出しました。中から50錠ずつを2人でわけて掌に持ちました。車のラジオからは彼女の好きなクラシックの音楽が流れていいます。外にはいつもの冬の季節には一足早い雪が舞っていました。

2人が心中するには小説に出てくるような完璧なシチュエーションでした。彼女は私の目を見つめながら「私から先に飲んでいい？」と聞いてきました。瞳は涙で潤んでいます。先に飲まれたとあっては男の沽券に関わると「俺の方から先に飲むから」と彼女を制止しました。

斯《か》くなる上は逃げるワケにはいきません。こうなったら出たとこ勝負と、手の中の睡眠薬の錠剤50錠を口の中に放り込み、コーラで腹の中に一気に流し込んだのです。彼女の嗚咽が車の中に響きました。彼女は最後の口づけを私の口唇に重ね、自分の手の中の50錠ほどの睡眠薬を口の中に含み、コーラを二度三度と口に含み、飲み込んだのです。

その頬は流れる涙で濡れて、2人の手と手は固く結ばれていました。10分が経ち20分が過ぎても何の変化も現れませんでした。それはそうでした。この支笏湖に来る途中、薬局に立ち寄り睡眠薬とビタミン剤を買い求め、車の中からコチラの様子を見ている彼女にはわからないようにと壁の陰に隠れて、中身を入れ替えていたからです。

30分ほど過ぎた頃でした。隣の助手席で横になっていた彼女がスックと体を起こしたのです。そして前を見たまま「帰りましょう」と静かに申されたのです。彼女は一部始終を悟ったのでございます。

が、ジタバタすることなく、繰り言一つ口にすることはありませんでした。思い切りのいい女性でした。一時間半ほどして彼女の家に近い、いつも別れる交差点に車が着きました。彼女は助手席から外に出て、ドアを閉める前に私に向かって「わかっていたんだから」と捨て台詞を放ったのです。

彼女の去って行く後ろ姿をバックミラーで眺めながら、「死なずに済んでよかった」と胸を撫でおろした、どこまでも卑怯者で意気地なしの、40年前の北の大地での私でございます。

007 ホームレスを馬鹿にしてはいけません。誰とて一歩間違って不運に見舞われれば、明日は我が身なのです

ビニ本時代、北海道で40数店舗のビニ本店を経営していました。当初2週間に一度の頻度で上京し、問屋回りをし、仕入れをしていたのですが、ある日東京の責任者の男が「日頃お世話になっている会長（私）を是非接待したい」と申し出をしてきたビニ本出版の経営者の男を連れてきました。男は外見のコワモテな人相とは違い、話してみれば如才ない男で一夕《いっせき》酒を酌み交わす刻を持ったのです。

ホテルに戻ると東京の責任者の男が「先程のビニ本屋が評判のマッサージ嬢を派遣してきました」と部屋を訪ねてきたのです。

見れば憧れの女優、酒井和歌子さまに似た美形です。酒井和歌子さま似はニッコリと魅惑的な微笑をその「男殺しの顔」に浮かべ、熱い視線を送ってきました。据え膳食わぬは男の恥、と彼女を部屋に招き入れ、朝まで濃厚接触の宴に酔いし

れました。

翌日の夜、今度は私が「据え膳」のお礼にと、例のビニ本屋を新宿の一流クラブにご招待し、接待返しをしました。ビニ本屋がトイレに立った折、同行していた東京の責任者の男が「会長、昨夜のマッサージ嬢はあのビニ本屋の男の女房だというんです。折角北海道からわざわざやって来たお得意さまの接待に、間違いがあってはいけないと、水商売で働く自分の女房をクドいて、マッサージ嬢に仕立ててよこしたんです」というのです。

なんということをと、極太を含んだワケでもないのに開いた口が塞がりませんでした。

この一件があってから、ビニ本屋の同年代のこの男と親しく付き合うことになりました。魚心あればなんとやら、「男の心意気に動かされ」が正直なところです。男との40年近くに及ぶ長い付き合いがこうして始まったのでしたが、その後男は私と競うようにビニ本と裏ビデオで前科を三度重ねました。

その間、男は酒井和歌子さま似の女房との間に3人の男の子を授かりましたが、生来の女好きの浮気癖が災いし、離婚に至りました。

それから男は3人の女性と結婚し、最後の女房となったのは30歳年下の女性でした。1年前、男は脳腫瘍を発症し旅立ちましたが、一周忌を終えたとの知らせを届けてくれた30歳年下の未亡人が電話口で「一番最初の奥さんとの間にできた長男は、あれは本当は監督の子供だと伝えてほしい、との遺言がありました」というのです。

ノドから胃が飛び出てくるかと思うほどに「そんなバカな」と驚きました。未亡人は尚もこう、遺言を続けたのです。「一緒にカンヌ映画祭に行ってグランプリを受賞したことは俺の誇り、貸した2億円は返さなくてもいい」

男とカンヌに行ったこともなければ2億円を借りたこともありません。ここでようやく「長男は監督の子供」は脳腫瘍がいわせたものと、ホッと胸を撫で下ろしたのでございます。

008

ＡＶの世界でも、東大卒であれ一流企業の社員であれ顔射を決めることのできない者は、「穀潰し」扱いしかされません

ご禁制の「裏本」を日本各地のビニ本店に販売してボロ儲けし、「裏本の帝王」と呼ばれていたのは東の間でした。全国指名手配犯となり、札幌のホテルで社員と密談しているところを逮捕されたのです。あの時がＮＨＫのニュースにテロップ出演した一回目です。その後「猥褻《わいせつ》図画販売目的所持」の罪で起訴され、執行猶予がついたものの前科１犯となりました。

北海道では一躍有名人となりましたが「裏本の帝王」の看板を背負って生きていくには狭い土地でした。捲土重来《けんどちょうらい》を期して上京し、サウナでの生活をしながらＡＶ監督稼業をはじめた頃です。バッタリと新宿駅でビニ本時代のお客だった千葉のビニ本店主と再会したのです。

店主の男は私と変わらぬ世代でした。見ると目を赤く腫らしています。聞けば

私と同じように逮捕され、ビニ本店を閉めてから千葉の地元の某電気メーカーのブラウン管工場に勤めているというのです。毎日ブラウン管の表面の傷を目視で何百何千も検査をする作業をしているうちに、目に障害が起きてしまったせいだ、というのでした。

気の毒に思いました。男が哀れに思われ、己の頭のハエも追えない立場ながら「面倒見てやるから一緒に働かないか」と誘ったのです。男は欣喜雀躍《きんきじゃくやく》して「助かります」と二つ返事で私と働くことを承知したのでした。

それから毎日男と行動を共にする生活がはじまり、撮影現場から編集スタジオ、そして宿泊先のサウナで四六時中一緒の生活が続きました。ほとんど無一文という男に代わり、サウナの宿泊代から三度の食事代は全部私が払いました。別途小遣いとして10万円を渡し、千葉に残した家族の生活費として20万円、高校生の息子の修学旅行代金の10万円も用立てました。

どういう縁からか再会した男に、私なりに精一杯の面倒を見たつもりです。男との日々が40日ほど過ぎたある夜のこと、サウナに戻って来たのは、普通の日と比べ、撮影が長引いたせいで幾分遅い時間帯でした。ロッカールームで疲れきった体にムチ打ち服を脱いでいると、隣で同じように服を脱いでいた件の男の腹巻からバサッ、と床の上に落ちたものがありました。見ると１００万円の札束です。

するとと男は「アレッ、何だろう、おかしいな」とその１００万円の札束を摑んでトイレの方へと消えたのです。

男はそのまま戻って来ることはありませんでした。なんということだとア然として言葉を失ったのです。親切心を裏切られ、アダで返されたことが何とも悔しく思われてならなかったのと同時に、よくも40日間も一文無しを気取っておれたものよ、とその神経のず太さにも驚きました。

あれから36年余り、あの「１００万円の札束腹巻男」はどこで達者かと、懐かしく思い出す今日この頃です。

009
女性たちは私の言葉のゼリーで濡れそぼるのを待っていました

日本最大のビニ本グループ「北大神田書店」の実質経営者として全国指名手配の末に北海道警に逮捕され、裁判を経て懲役2年半、執行猶予4年の判決を受けました。それまで系列の店長や社員に延べにして80人ほどの逮捕者を出していましたので、納得できるお裁きでした。

再起を期して上京し、その頃流行の兆しを見せていたアダルトビデオの監督としてやり直すことにしました。それまでの裏本制作で自分がカメラマン兼男優となり場数を踏んでいましたので、ＳＥＸの行為をビデオカメラに収録する能力はこの日本では自分が一番、との自負を持っていたのです。

その日の撮影はＡＶ監督となって初めての仕事でした。作品名は「トラックの中で犯されて……」です。トラックの閉ざされた荷台で「犯されて」の撮影をするには照明が足りませんでした。そこで新宿区戸山町の閑静な住宅街にあった事

駅弁の元祖としての人がうらやむ晴れ姿

務所の前にトラックをつけ電源をとり、それをケーブルで撮影現場のトラックの中に引き込み、照明をつけての撮影となったのです。

女優は現役大学生の由美さんで、風俗のバイトよりこちらの方が割がいいから、と出演した現代娘の新人です。由美さんがノリノリで暴漢役の2人の男優を相手に「イヤ、やめて、許して」と大きな悲鳴を上げ抵抗する迫真の「艶技」を撮影している時です。突然トラックの荷台が開かれ6人の男たちが「警察だ、そのまま、そのまま」と口々に叫んで飛び込んできたのです。荷台の外の向こうにはパトカーが3、4台停まり、大勢の制服警官の姿も見えました。

女優の由美さんは今しも男優に、犬も悔しがるほどのバックのポーズで突きまくられている最中でした。その由美さんの晴れ姿を証拠写真にと、取り締まりの刑事がバシャバシャと撮りまくられたのです。

由美さんのお顔に憤怒の表情が浮かびました。彼女は急に犬のポーズを止めて人間の「糞尿排出」のポーズをとられ、「私はショックなことがあると急にオシッコをしたくなって止められなくなるの」というなり、はいつくばって実況見分の写真を撮っている捜査員に向かい、股間から聖水を床の上に勢いよく放出されたのです。

何をしやがる、と捜査員は色をなして由美さんに迫りましたが、私は興奮している捜査員の前に立ち塞がり、「この娘はパニックになっているんです」と必死になって宥めました。

後で担当刑事に知らされたのですが、ご近所の方から停まっている荷台から女性の泣き声がするとの通報があり、捕物帳をはじめたということです。

エロ事師の人生の未来の前途多難を思わせる出来事でした。あれから37年、思えば遠くに来たものですが、コロナ禍で、勝ち気だった由美さんを懐かしく思い出す今日この頃です。

010

自分は精一杯、他人から許されてきたクセに、イザとなったら「許さない」という人間

札幌で逮捕され、裁判にかけられ前科者となりました。斯《か》くなる上は東京に出てＡＶ監督で人生をやり直すしかないと、上京しました。最初の頃はＡＶ監督といっても名ばかりで「日本一売れない監督」でした。収入も少なく三度のメシがやっとで、アパートを借りるまとまった金もなく、ビニ本時代の知り合いを訪ねその日泊まるサウナ代を借用する日々を重ねていたのです。

サウナの広い休憩室にはいつも客が20人ほど、床の上に毛布を敷き寝ていました。ある真夜中のことです。股間の部位になにか違和感を覚え、目を覚ましました。見ると見知らぬ若い男が私のイチモツを咥えていたのです。藪から棒に何をするのかと驚きました。青年は私が目を覚ましたことを知っても、口に含んだモノを吐き出さず「気持ちいい？」と誰何《すいか》するごとくに色っぽい眼差しを送ってきたのです。

無礼者！　と頭に血が上りました。が、頭とは違い体は正直なもので、我が放蕩息子はこれまでになく怒張し、先走り液さえ放出していたのです。その証拠に不届き者の口から溢れた先走り液が流れ出て糸引き、垂れているのが見えました。何ということだ、と不覚をとったと己を恥じたのです。

素早く、スッカリ愛人気取りで激しく口技を続ける変態男の顔面を足で蹴り上げ「何をするんだ、コノ野郎」と叱り飛ばしました。すると野郎は少しも臆することなくすがる目で「だって、好きなんですもの」と宣ったのです。話したこともない初対面の男によくもそんなことをいえたもんだと呆れつつ、ここは汚れた抜き身を洗い流すが先と、浴場に向かいました。洗い場で体を洗っていると、件の男がやって来ておネエ言葉で「お詫びにお体を流させて」と後ろに回り、石鹸をつけたタオルでゴシゴシと背中を洗いはじめたのです。

このぐらいのことをやらせて当然と、されるがままにしていると、何やら尻の穴の部位に当たるモノを感じました。振り向くと、野郎が自分の大柄なボッキしたイチモツを私の尻の穴目掛けて突き立てていたのです。ガマンの糸が切れました。立ち上がり再びその顔面に「ふざけるな」と足蹴りを見舞ったのです。が野郎は諦めを知らず、鼻血を出しながら「だって、好きなんですもの」と尚も私の股間に顔を寄せてきたのでした。

それからしばらく経ってのことです。初めてビデオ出演した女優がフ○ラチオを上手にこなすことができません。仕方がないので男優氏のソレを私が口に含み「こうするんだよ」と実技指導をしました。男優氏は立派にソソり勃ち、女優は合点がいって無事撮影は終了となりましたが、終わっても男優は上気した熱い視線を私に向けてきたのです。サウナの狼藉者を想い出し、男優氏を思い切り殴ってやりました。

村西軍団のスタッフとは24時間寝食を共にし、朝から晩まで一年中一緒、でございます

011 「愛する人生」のリスクを恐れず、命の限り生きることです。桜は散ることを知りながら咲くことを恐れない、というではありませんか

そのブラジル人の彼女と知り合ったのは三十数年前の新大久保です。今日の韓流ショップでにぎわう新大久保とは違い、その頃は閑散とした下町でした。が、夜の帳《とばり》がおりると路地のあちらこちらに金髪の外国人女性の娼婦が出没する歓楽地帯に変身し、その手の女性を欲しがる男たちの人気を集めていました。駅から歩いて数分の場所に編集スタジオがあり、夜遅く帰宅する途中によくその金髪外国人女性のグループと顔を合わせる機会があり、自然と挨拶程度の会話を交わすようになっていたのです。

ある夜のことです。私のいる編集スタジオに突然その顔なじみとなっていた金髪女性の一人が飛び込んで来たのです。血相を変えて「ケイサツ、ケイサツ」といいながらトイレの中に身を隠しました。何事かしらん、と外に出てみると大型

の警察車両が停まっていて、いましも入管と一緒に一斉摘発が行われるところだったのです。「窮鳥懐に入れば猟師も殺さず」といいます。外での捕り物が終わるまで彼女に出て行くように促すことはしませんでした。

それから彼女とは懇意の仲になり、しばしば彼女が撮影スタジオに顔を出すようになったのです。匿《かくま》ってくれたお礼にと、来る度に果物や菓子のお土産を手にしやってきました。気持ちの優しい女性で、大好きな往年のハリウッド人気女優のアン・マーグレットによく似た顔とセクシーボディを持つ、私のタイプでした。

時には話が盛り上がると私の膝の上に乗り「安くしておくからどう」と甘く囁《ささや》くこともありましたが、当時は撮影の日が続いていて、本職以外にとても精力を使う余裕がなく遠慮せざるをえませんでした。が、翌日には仲間の一人を連れて来て、「この娘ならどう」と紹介してきたりして、いつしか撮影スタジオが5、6人の金髪娼婦のたまり場と化すようになっていたのです。

女性たちはいつも陽気で、歌ったりサンバのリズムで踊ったりと、集まればお祭り騒ぎを繰り広げるのでしたが、ある日からパッタリ姿を現さなくなりました。

どうしたことかしらと案じていると、品川の入管の施設から連絡が入り、収容している彼女が会いたいといっているというのです。面会に訪ねていくと彼女は仕切りの向こうから「タスケテ」と哀願してきました。1週間前、一斉摘発にあい仲間の金髪女性たちと一緒に「不法滞在」の罪で一網打尽になったというのです。

他の容疑であればまだしも、売春目的の「不法滞在」が明確である以上、可哀相ではあるけれど、どうにも救い出す方法がないように思われました。それでも帰りがけに連絡をくれた入管の係官のところに挨拶に立ち寄り「彼女をなんとかここから外に出す方法はないでしょうか」と相談しました。

ないことはわかっていても憔悴しきった彼女が気の毒でならなかったのです。

すると係官は愛想のいい笑顔を浮かべて、「あります」と答えたのです。

012 挑戦する勇気を失えば後悔は読まなかった本のように積み上がります

入管の収容所の係官から、ブラジル人女性をここから出す方法がある、と聞いて「出してやりたい」との思いが募りました。「では彼女をここから出せる方法は？」と係官に尋ねると「本国のブラジルまでの航空券代をあなたが用意してあげれば、明日にでも彼女はここから出て行けます」と宣うのでした。

在留資格を失い不法滞在となった外国人は、基本自分のお金で航空チケットを求め帰国するのがルールで、もし自分でチケットを手配できなければできるまで何カ月でも何年でも、この収容施設にとめ置かれるのが決まりとのことなのです。実際にこの入管の施設にはチケットを手配できずに何年もの滞在を余儀なくされている収容者が大勢いるというのでした。

「彼女は日本で稼いだ金を全部本国に送ってしまっていて、無一文同然だから、あなたが何とかしない限りこの施設から解放される可能性はありません」の係官の言葉が胸に突き刺さりました。身から出た錆とはいえ、地球の裏側の拘留施設で侘しく過ごす彼女のことを思うと胸が詰まりました。係官は私の心の内を見透かすかのように「ここは人助けをなされては」と訴えてきたのです。仕方がありません。斯《か》くなる上はその航空代金の約30万円を私が払うことを約束し、翌日入管に直接持参しました。

それから1年ほど経った頃です。件のブラジル人の彼女から電話が入りました。「アナタに会いに来た」というのです。別人になりすましたパスポートで入国したのではと疑いましたが、彼女は飛行場から真っすぐに私の事務所にタクシーでやって来ました。一人ではありません。母親と一緒でした。母親は一目で農作業で鍛えられたとわかる、太い指と腕を持つ恰幅のいい60代の女性でしたが、私と会うなり「アリガトウ」と抱きついてきたのです。

母親の目には涙がいっぱい見えました。その後の感涙にむせぶ母親の言葉は、娘の通訳によれば「アナタは私の恩人です、そのアナタに御礼をいいたくてブラジルからやって来ました」との内容だと、手を合わせられたのです。

母親は御礼にブラジル料理を作って食べさせたい、と近くのスーパーに買い出しに行き、持参してきた自家製スパイスで得意のブラジル料理を作ってくれました。食事中に母親が「これがこの娘がブラジルで養っている私の田舎の大家族」と見せてくれた写真には、30人ほどの老若男女と娘である彼女が10歳くらいの男の子を抱いて写っていました。彼女に「誰?」と聞くと「ワタシのムスコ」と嬉しそうな笑顔を見せたのです。

その後、彼女は地方に旅立ったのでしたが、名前は「アニータ」だったと記憶しています。

013 この世で逃れられないものは「死」と「人の裏切り」であることを承知しております

女優の顔に突然ス○ルマがかかりました。「ビシャ」とまるでシャワーの水が勢いよく弾けるような音がしたのです。まだ顔面シャワーが市民権を獲得していない時代でした。男優役の助監督が女優のあまりに巧みな舌使いに、ガマンしきれなくなって放出してしまったのです。女優は不意に襲ってきた顔面へのス○ルマ攻撃に虚を突かれた様子でしたが、慌てず騒がず顔にベットリと付着した大量の精子をさも美味しそうに指ですくって舐めてみせました。

が、カットをかけると女優は豹変し、「何するんだよ、私はお店でお客にだって顔にかけさせたことはないんだよ」と烈火のごとく怒り、火の吹くようなタンカを切られたのです。その迫力に縮み上がりました。彼女はただの女優ではありません。旧知の暴力団の組長の姐さんだったのです。

その頃は、ＡＶに出演する女優の手配に困っていました。ふとした時にその組長に窮状を話すと、「ウチの奴でよければ出演させてやるよ」と自分の女房を紹介してくれたのです。ピンク映画に出演しながら吉原のソープでも売れっ子という、なかなかの美形でした。撮影では失礼がないようにと相当に気を使い、無事これで終わり、という最後の場面で、助監督兼男優がヘマをやらかしたのです。「申し訳ございません」とその場で土下座をして謝り、他のスタッフ一同にも同じように土下座の謝罪を命じました。姐さんは「ふざけるんじゃないわよ」との捨てゼリフを残され、現場から立ち去って行かれたのです。

大変なことになる、と恐怖で背筋に悪寒が走りました。姐さんの亭主の組長は凶暴で知られたイケイケの男です。以前組長の事務所に立ち寄った時、偶然額に開いた大きな傷からおびただしい血を流して床の上に倒れている組員を目撃したことがありました。傍には数人の組員を率いた、鉄の灰皿を持った組長が仁王立ちになっていました。

組長は私を見ると不敵な笑みを浮かべ「若い者はこうして日頃から鍛えておいて、いっそ刑務所に行った方が楽だと、いつでも組のために先頭きって懲役に行

第1章 この世はカネと女がすべてなのか？

締めます締めますの山の手の品格ありの名器女性と

けるように、腹を括《くく》らせているんだ」と嘯《うそぶ》く暴力信奉者なのでした。

組長の般若のような顔が浮かびました。パックリと開いた額の傷口から流れる血で顔面を赤く染めていたあの時の組員のような無様な姿に、今度は自分がなるのかと思うと、正直どこかに逃亡したい心境でした。

1日経ち、2日経っても組長からは何の連絡もありませんでした。あの組長がこのまま黙って済ますとは考えられませんでした。

そして、その時がやって来たのです。

014 揉《も》め事の答えは、他人ではなく全部自分の心の中にあると考えます

「その時」とは、自分の方から組長の事務所を訪れた時のことです。

撮影から戻って2日間一睡もすることなく、やってくるであろう組長の襲撃を待っていました。が何の音沙汰もなく過ぎて行ったのです。

我慢の限界でした。いたたまれなくて自分の方からバンジージャンプをして組長の事務所に飛び込んだのです。組長は「ウチのヤツがお世話になったみたいだな」と笑顔で迎えてくれました。「ヤキを入れられる」と覚悟は決めていましたので、いささか拍子抜けしました。

油断が生まれたのです。

「お世話になりました」と手土産を置いて立ち去ればよかったものを、「組長、最近ヒットしているこんな映画があります。ご覧になりませんか?」とバッグの中から、持っていた評判の米国映画のラブストーリーのビデオを差し出したので

した。

「面白いのかい?」と相好を崩しながら組長は尋ねてきました。「面白いですよ、感動します。きっと目から真珠の涙が出ます」と太鼓判を押しました。

組長が姐さんのことで何もいわずにいてくれていることが嬉しかったのです。

「ほう…真珠の涙が出るのかい? それは面白いじゃないか」と組長は上機嫌なのです。心の内で「これでよかった」とホッとしながら、早々に組長の事務所をお暇《いとま》しました。

2日後の夜遅い時間でした。組長から電話がかかってきました。「監督よぉ、この前置いていってくれたビデオを今から見ようと思うんだが、本当に感動で目から真珠の涙が出るんだな?」と念を押してきたのです。

「本当ですよ」と返事をすると「間違いないんだな?」といって組長は電話を切りました。

2時間ほどしてビデオを見終わった組長から、再び電話が入りました。組長は電話の向こうで「監督、嘘をついちゃいけねぇよ、お前さんが、このビデオを見ると真珠の涙が出るというから、わざわざ京都から有名な宝石鑑定士の先生に来てもらったんだよ。でも嘘じゃねえか。確かに涙は出たが、先生に見てもらったら真珠じゃなくて、ただの〝水〟だというじゃねえか。お前さん、俺を舐《な》めて甘く見ているんじゃないのか？　このオトシマエをどうつけるつもりなんだ？」と巻き舌で本性丸出しに、狼のように吠えたのです。

組長は姐さんの件でこうした揚げ足取りをしてオトシマエをつけようとしたのでした。

ビデオテープを渡し、「真珠の涙が出ますよ」と余計なことを口走ったことが悔やまれましたが、後の祭りです。20分ほどして、組長の若い衆が私のいる住居兼事務所になだれ込んできました。

負けじとコチラも警察に通報し、身の安全を図る事態となったのでしたが、顔面シャワーが認知されるまでの、知られざるＡＶ裏面史の一コマでございます。

015

あの人がいるから失敗しても大丈夫という安らぎの存在になるのは男の甲斐性

都心の繁華街を仕切る親分がいました。キップが良い上に人望も厚く、子分のみならず素人衆からも慕われ一目置かれる存在でした。親分はビニ本時代に直営店を数店舗経営し、私取引先としては都内最大手で、ビルを数棟持つほどに成功していました。それほど才覚のあった親分にも一つ、タマのキズがありました。

30歳年下の可愛がっている愛人女性の「やんちゃ」です。「やんちゃ」といっても親分を真似て暴力沙汰を起こす、ということではありません。人柄は誰からも好かれる愛敬の持ち主で、親分の配下の者の誕生日や子供の入学式などのお祝いにも気働きができる、優しい姐さんでした。が、ホスト遊びとバクチが三度のメシより好きで、暇さえあればホストクラブに入り浸り、近くにポーカーハウスができたといえばこれまた半日もゲーム機相手に勝負に狂うのでした。

それまで親分は可愛い女のすることと見て見ないフリをしていましたが、ホス

ミス日本卑弥呼の尻を凌辱するイケナイ分際のワタクシ

トクラブ通いとポーカーゲーム通いは止むことを知らず、遂に配下の子分の手前、お仕置きをすることにしたのです。

お仕置きといっても他でもない彼女に、そんなに好きなら自分で店を持ったらどうだと、ホストクラブとポーカーゲーム屋をオープンさせ商売を任せることにしたのです。が、姐さんは遊びでは得手でも客商売の方は得意ではありませんでした。店を開いたものの思うように客が集まらず、ほどなくホストクラブとポーカーゲーム屋の2店は閉店のやむなきに至ったのです。そんな折です。親分が稼業の寄合で3日ほど家を空けた時でした。姐さんはあろうことか親分と同棲している部屋の金庫から2億円余りの現金を持ち出し、行きつけのポーカーゲーム屋で全部スッてしまったのです。

帰宅した親分は金庫の中から2億円余りの金が消えているのを知り、姐さんを「どこで使った」と問い詰めました。姐さんは素直に注《つ》ぎ込んだポーカー店の名前を白状すると、早速、子分が呼ばれ、ポーカーゲーム屋に行って使った金の9割を戻させるようにと命じたのです。親分のためなら血の汗をかく覚悟はしていたものの、姐さんのポーカー狂いの尻ぬぐいなど、子分にとってはなんとも承服できないものでしたが、親分に行って来いといわれれば火の中にも飛び込まなければならない身。仕方なくポーカーゲーム屋に行き9割の金を戻してもらってきました。

ところが姐さんはこれに懲りず、一度あることは二度あるで、今度は親分の留守中に倍の4億円の金を金庫から失敬したのです。

姐さんの姿はそれきり消えました。親分は心底惚れていた姐さんに去られ、悲しみに沈み、酒に溺れました。やがて夜道で酔い潰れている姿を発見された時は、あの世に旅立たれていたのです。

016

世の中の事象にはすべて答えがあります。わからないのは答えを探す努力をしないからです

2階の窓から外を見ると、畑の大平原が広がっていました。ポツン、ポツンと農家が点在しているだけで、息をのむような壮大さです。場所はデンマーク、35年ほど前のことです。その頃、フリーＳＥＸで名高い性の先進国、北欧にポルノ映像の買い付けに行っていました。

ヨーロッパのＰＡＬ方式を日本の放送方式、ＮＴＳＣに変換するのには、ドイツのスタジオで1カ月ほど時間がかかりました。その間、ボーッとして待っている訳にはいかず、日本からＡＶ女優を連れデンマークでのオーディションで採用した青年とのＡＶ作品を撮っていたのです。その流れで今度はイングリッド・バーグマンを生んだ北欧の美女を新聞広告で募集し、こちらの方も撮影することにしました。

第1章 この世はカネと女がすべてなのか?

村西軍団の、バカでなれない、利口で尚なれない、精鋭たちの勇姿

コペンハーゲンの現地の新聞に小さな広告を出しますと、たちどころに20通近い応募がありました。乗馬のインストラクターの若い女性や空手を学んでいる女子大生、20代ながら運河を就航する貨物船の船長を務める女性など、様々なタイプの美形の女性たちから応募がありました。

中に30代の農家の主婦がいました。同封されていた写真は、かつてファンだった米国人女優のアン・マーグレット嬢に酷似していました。即攻で採用を決め、ご亭主の留守という昼の時間に、住んでいる農家にお伺いをしたのです。畑に出ているご亭主が戻ってこないうちにと前金の30万円の出演料を払い、さっそく2階の寝室で撮影を開始しました。

日本のAV男優の巧みな舌や指の前戯で、デンマークの金髪の若妻の陰唇はしとどに濡れていました。

さあ、これから東洋の歌麿と北欧美女の煙が立ち上がるほどの激しい出入りの瞬間を目撃することになると、固唾をのんで注視している時でした。

窓の外の彼方から「ブーブーと車の警笛音が聴こえてきたのです。窓に近づき外を見ると、一台の古ぼけたトラックが砂煙を上げながらコチラに向かって疾走して来ています。傍の金髪のしとど濡れの若妻は、「主人が帰って来た」と血相を変えました。

車を家の前に停めた大男が大きなナタを手に、閉じている扉を打ち破らんと「ドーン、ドーン」と振り下ろす姿が2階から見えました。このまま2階に上がって来たら殺される、と戦慄したのです。

取るものも取り敢えず、若妻に教えられた裏口の階段を下りて地上に下りると、スタッフ、通訳氏の5人を従え、脱兎のごとく逃げ出したのです。走りながら振り返ると、2階の窓が開かれ、若妻と大男の亭主が肩を寄せてコチラの方を眺めている姿がありました。

夫婦はその顔に笑いを浮かべて…。

その時、マヌケにも地球の裏側までやって来て、見事に美人局に引っかかった我が身を知ったのです。

第2章

人生には再生できるチャンスが必ずあるんです

017 戦火の中に飛び込んだ以上は戦い抜かねばなりません

幼き日、進駐軍のGIが乗っているトラックに群がり、仲間のガキたちと物乞いをしていました。まだ20代の若い米軍兵士がミカンを食べながら、蔑んだ目で私たちを見ていた姿はハッキリと脳裏に焼き付いています。

GIが投げてよこしたのはミカンの実ではなく、青い皮の方でした。子供たちはその皮をめがけ、我れ先にと向かっていき、奪い合って口に入れました。フルーツなどなかった時代です。口の中に広がったあの甘酸っぱさを、今でも忘れません。

父親の5人兄弟のうち3人の弟、そして母親のたった1人の弟が、先の大東亜戦争で散りました。

戦後、父親は中国大陸で兵役を終えて帰国、それまで勤めていた国鉄の機関士の仕事を捨て、傘修理の行商をはじめました。雨が降っても駄目、晴れの日が続いても駄目というニッチもサッチもいかない因果な商売です。日本中の誰もが食うや食わずの生活を余儀なくされていましたが、我が家も、晩飯はジャガイモが当たり前の、赤貧洗うがごとしの状態でした。

中学に入ってもその日暮らしが続き、やけになった父の母への暴力はやみませんでした。

ある日、母を庇《かば》って、父に向かい包丁を向けました。顔面蒼白となった父の顔が脳裏に刻まれています。その日以来、父は家に帰ることがなくなり、両親は離婚しました。

8年後、父の葬式の時、親戚のオバさんから「あんたの父ちゃんが家を出たのは、息子を親殺しにさせるわけにはいかないという親心だったんだよ」と聞かされたのです。

諸悪の根源は貧乏、でした。

AV監督となって、米国に撮影に行くようになり、一家離散をもたらした鬼畜米英への復讐の炎が燃え盛りました。米国本土のヨセミテ国立公園やグランドキャニオンといった風光明媚な場所で、場所柄もわきまえず、SM、スカトロ、といったアメリカのポルノ業者も舌を巻くような破廉恥映像を撮りまくりました。

ハワイでは真珠湾に向かってゼロ戦が突入したと同じ航路を、セスナ機2機に分乗して飛びました。セスナ機の機内ではアメリカ人男性と日本人AV女優とのSEXを撮影し、それをもう一機のセスナ機からも撮影するという趣向でした。

撮影終了後、ミカンの皮を上空から撒きました。同乗のスタッフは室内に漂う臭い消し、と思ったようでしたが、違いました。過ぎしあの日の、ミカンの皮を投げてよこしたGIには「ざまあみやがれ!」と溜飲を下げ、鬼畜米英で戦って散った父母の兄弟へ、弔い合戦の鎮魂のセレモニーだったのです。

これらの作品が発売されると、瞬く間に米国中に知れ渡りました。「アメリカさまに喧嘩を売るとは小癪《こしゃく》な奴め」と米国政府を憤らせることとなり、ホノルル、カハラの高級別荘地帯での撮影中に、FBIをはじめとする50余名の捜査官に逮捕され、アメリカ連邦裁判所大法廷で懲役370年を求刑されるに至ったのは30年前の出来事でございます。

018 私の人生は剣の刃渡りでございます

ホノルル、カハラの地区はハワイでも有数の高級別荘地帯として知られています。石原裕次郎さまの別荘もそこにありましたが、中でもひときわ豪華な別荘で撮影しているときに、ホノルル市警、ハワイ州警察、イミグレーション、FBIの合同チーム50余名の捜査隊に踏み込まれ、逮捕されたのです。

容疑は未成年少女のポルノ撮影及び労働ビザを持たずに撮影した「旅券法違反」でございます。〝未成年少女〟などはおらず、濡れ衣でした。

突入してきたFBIの巨漢の捜査官に床の上にネジ伏せられ、45口径のピストルを頭に突き付けられました。

ビニ本時代に歌舞伎町でヤクザに拳銃を腹に突き付けられ、ショバ代をよこせと脅迫された経験があります。飛び道具を突き付けられたのは2度目でしたので、それほど恐怖を覚えませんでした。

捜査官は「フリーズ!・フリーズ!(Freeze! Freeze!)」と大きな声を上げて力

ずくで押さえ込んできます。その「フリーズ（Freeze）」が「プリーズ（Please）」に聞こえ、「何もこんな時に丁寧な言葉遣いをしなくてもいいのに」とおかしく思われ、つい笑顔を浮かべました。

必死なＦＢＩ氏はそれを「不敵な笑い」と受け取ったようです。銃口をコメカミに、さらに強くコスりつけて「フリーズ、フリーズ」と、尚も喚《わめ》かれたのです。

捜査官の中には防弾チョッキを着こんでライフルを構えている人間もいました。米国では「ポルノ業者」はコカインなどのクスリを摂取して撮影に臨んでいるケースが多いことから、撃ち合いを想定しての重装備なのでした。

マサカリを担いでいる捜査官もいました。入り口の扉を蹴破って室内に乱入した時に使用したのです。そのマサカリで室内のソファを粉々に粉砕していきました。ソファの中に麻薬を隠しているのでは、と疑ったようです。

かくて女優陣とスタッフともども、16人がお縄頂戴となって逮捕され、ホノルル空港近くの入国管理事務所へと移送されたのです。戦後40年を経て、友好国の日本人が一度に16人も逮捕されることになったのは、前代未聞の出来事でした。

第2章 人生には再生できるチャンスが必ずあるんです

1日24時間では足らず36時間を欲しがったエロスの狼だった日々の1コマ

入国管理事務所に着いたのは深夜でした。その夜はその拘置施設で一夜を明かしました。翌日、朝から昼過ぎまで、刑事ではなく担当検事による取り調べを受けた後、拘置所へと送られたのです。

逮捕されることになる少し前、高いコンクリート塀で囲われているその拘置所の前を車で通ったことがありました。その頃は山口組の竹中某さまと織田某さまが「拳銃密輸」の容疑で逮捕、拘留され裁判を受けていました。裁判では25年ほどの懲役が科せられるとの噂でしたので「稼業とはいえ、これから先25年も、異国の空の下の、この高いコンクリート塀の中で暮らさなければならなくなるなんて、自分なら気が狂う」と怯えました。

それからしばらくして、己が逮捕されることになるとは夢にも思わなかったのです。

019 どん底でもまだすべてを失ったわけではない

ホノルルの拘置所に収監されました。一緒に逮捕された女優陣とスタッフ、計15人はすぐに釈放され、外での生活を送りながら裁判を待つことになりましたが、「主犯」の私だけが拘置施設に収容されたのです。

最初の1週間は一人部屋でした。コンクリートの床にマットレスが敷かれただけの、毛布も枕もない、隅に水洗トイレがあるだけの簡素な部屋です。その部屋で寝起きをしながら、どんな「凶状持ち」であるか、の人物鑑定を受けた後に、他の容疑者と同房の大部屋へと移監されるのでした。

窓から運動場が見えました。収容者たちがバスケットボールに興じています。中に3人ほど金髪の女性が交じってプレイをしています。アメリカはなんと開かれた国なのだろう、と興奮しました。中に長いブロンドの髪をなびかせている女性がいました。今度大部屋に移ったら、あのブロンド娘となんとか仲良くなれないものか、とのスケベ心が頭をもたげました。

後に「彼女」ではなく、ニューハーフであることを知ることになるのでしたが……。

1週間後、晴れて大部屋に移ることができました。二段ベッドが10個、縦に並んだ列が2つある、40人収容の部屋です。同房者は武蔵丸や曙のような巨体揃いでした。ハワイは米国有数の観光地です。他に黄色や黒や白い肌の悪漢諸氏もいて、さながら悪党万博見本市の様相を呈していました。

彼らの楽しみは体を鍛えることです。二段ベッドのそれぞれの上に巨漢の男たちが仰向けに寝て、それを床の上に寝そべった仲間が上に持ち上げる、といった力比べに日がな一日余念がないのでした。

日本の拘置所のような厳しい点呼はありません。担当の刑務官が一人で部屋に入ってきて、収容者が間違いなくいるかどうかを勝手に数えていくだけです。部屋の隅にはテレビが1台置かれていました。チャンネルも、収容されている受刑者が好きに変えることができて、朝8時から消灯時間の午後9時まで自由に見ることができたのです。

トランプゲームも盛んで、勝負事の好きな収容者たちが煙草を賭け、車座となってポーカーゲームの博打に興じていました。

大部屋の中には公衆電話がありました。夜の7時から順番に並んで使うことができました。が、この公衆電話が騒動のもとで、電話をかけた先の相手が恋人か妻かはわかりませんが、応答がない時があるのです。すると待ちぼうけを食らった収容者が「チクショウ、あの女はなんというアバズレなんだ!」などと大暴れをしだすのでした。

壁を叩くは、椅子を放り投げるはで一歩間違えばトバッチリを食いかねませんでした。人権に配慮して外との電話を許しているのでしょうが、どうせ自由になれない身なら日本のように一切シャバとの通話ができないようなシステムの方が、より人権に優しいように思われたのです。そして、更にとんでもない地獄に遭遇することになったのでした。

020

人生は諦めちゃいけない、諦める所以《ゆえん》は何一つない

ハワイの拘置所暮らしでの楽しみは食事でした。日本のように各房に運ばれてくる、というスタイルではありません。朝、昼、晩の食事の時間になると300人は収容できる大食堂に行って食べるのです。

食事はビュッフェスタイルです。おのおのが料理の並ぶテーブルの前にステンレスのトレーを持って行列をつくり、自分の皿に盛り付けて食べる、という方式でした。

料理のテーブルの向こうには係員がいて、欲しい料理を指差すと、自分の持っている皿に盛りつけてくれます。サラダや野菜炒め、ソーセージにベーコン、フライドポテトに目玉焼き、の卵料理にフレンチトースト、といったアメリカンフードの定番メニューでしたが、欲しいだけ担当係員が盛り付けてくれて、いくらでも自由に食べられました。

他に牛乳やフルーツジュースやコーヒー、食後のデザートにアイスクリームやケーキなども用意されていました。夕食時には分厚いステーキも好きなだけ食べることができたのです。

拘置所では、面会室に行く時には厳しい検査を受けました。

全裸になって足を大きく左右に開き、両手を上にあげてアーンと口を開け、まるで車でひき殺されたカエルのようなポーズで身体検査を受けなければなりませんでした。私の担当看守は、カエルのようなポーズをさせた後に「そのまま」と制止をし、急に相手のいない電話機を耳にあて、好色な目で全裸の体を眺めてくるのでした。

雑居房から面会室までは、よく監獄映画で見る囚人のように、後ろ手錠をかけられた上に、足に丸い5キロぐらいの鉄の塊のついた鎖を付けられます。それを引きずりながら面会人の待つ面会室に行くのです。

面会室は10個ほどのブースに仕切られています。手錠をはずされブースに入ると、備え付けの電話機で面会人と話します。日本のように直接穴の開いたスケルトンのボードを通して肉声を届けるということができません。電話を通して面会人と話している内容は、全部看守に筒抜けですので、悪い相談はできないようになっているのでした。

収容者にとって、食事の次に楽しみなのは入浴です。大部屋にはシャワー室があり、いつでも制限なく自由に入ることができました。このシャワー室が〝クセモノ〟でした。私が入ると、同時に4、5人の同房者たちが入ってきたのです。いずれも曙や武蔵丸、小錦を彷彿させる巨漢揃いです。シャワー室にはシャワーノズルが5つありましたが、男たちは私が浴びているシャワーに一緒に入ろうと割り込んでくるのでした。

気がつけば、前から後ろから、そして真横から、男たちの野太い指が、手前どもの体をまさぐりはじめていたのです。恐怖に顔面が引きつりました。これから自分の身に起こることを考えると、卒倒しそうになったのです。

あの時のことを思い出したくありません。思い出そうとすると気が変になるほどの、まさかの生き地獄を味わったのでございます。

021 今夜も精魂尽き果て床につく。永遠に続くことは何もない、と呪文を唱えて

生涯で受けるような屈辱を数日で味わうことになったハワイの拘置所で、別の出会いがありました。その男は日本からやって来ました。編集者です。

面会室に行ってみると見慣れぬ男が座っていました。

「どちらさまですか」と尋ねると、その頃人気の男性誌の名前を挙げて、そこで編集の仕事をさせていただいています、と頭を下げました。齢の頃は私と同年代に見えました。

「お願いがあります。監督さんの会社の専属女優の写真集を出させていただきたいのですが」と男は切り出してきました。こちらは尻に火がついて火消しの真っ最中だというのに、場所柄もわきまえずなんということをいうのだ、と不愉快でした。しかし、編集者は少しも臆することなく「監督さんがこれから何年このハワイで暮らすことになるかわかりませんが、プライドにかけて恥ずかしくない写

真集を出してみせます」と真剣に語りかけるのでした。

相手の立場に立ってモノを考える、という訓練が決定的に欠如しているようです。

「私がどんな状況なのか、わかっていっているのか」と怒りをあらわにすると

「こうした不自由な生活を余儀なくされているお立場ではございましょうが、監督さんの作品でもある、あの優れた女優の写真集を出されることをご決断いただくのも、現在の監督さんでなければおできになれない仕事ではないでしょうか」

と、両手両足を縛られ、身動きできない状態の人間に、好物の食べ物を差し出すような美味しいことを口にするのでした。

なるほど、こうして囚われの身になっていてもできる仕事があるのなら積極的に取り組むべきではないか、との前向きな考えに傾きました。翌日、再び面会にやって来た編集者は、自分の仕事の流儀について、熱く語りました。

「私が狙った女優を口説いて写真集を出すことを考えた時は、その相手とは東京では会いません。東京ではない別のところで、旅行をしているとか、仕事をして

第2章 人生には再生できるチャンスが必ずあるんです

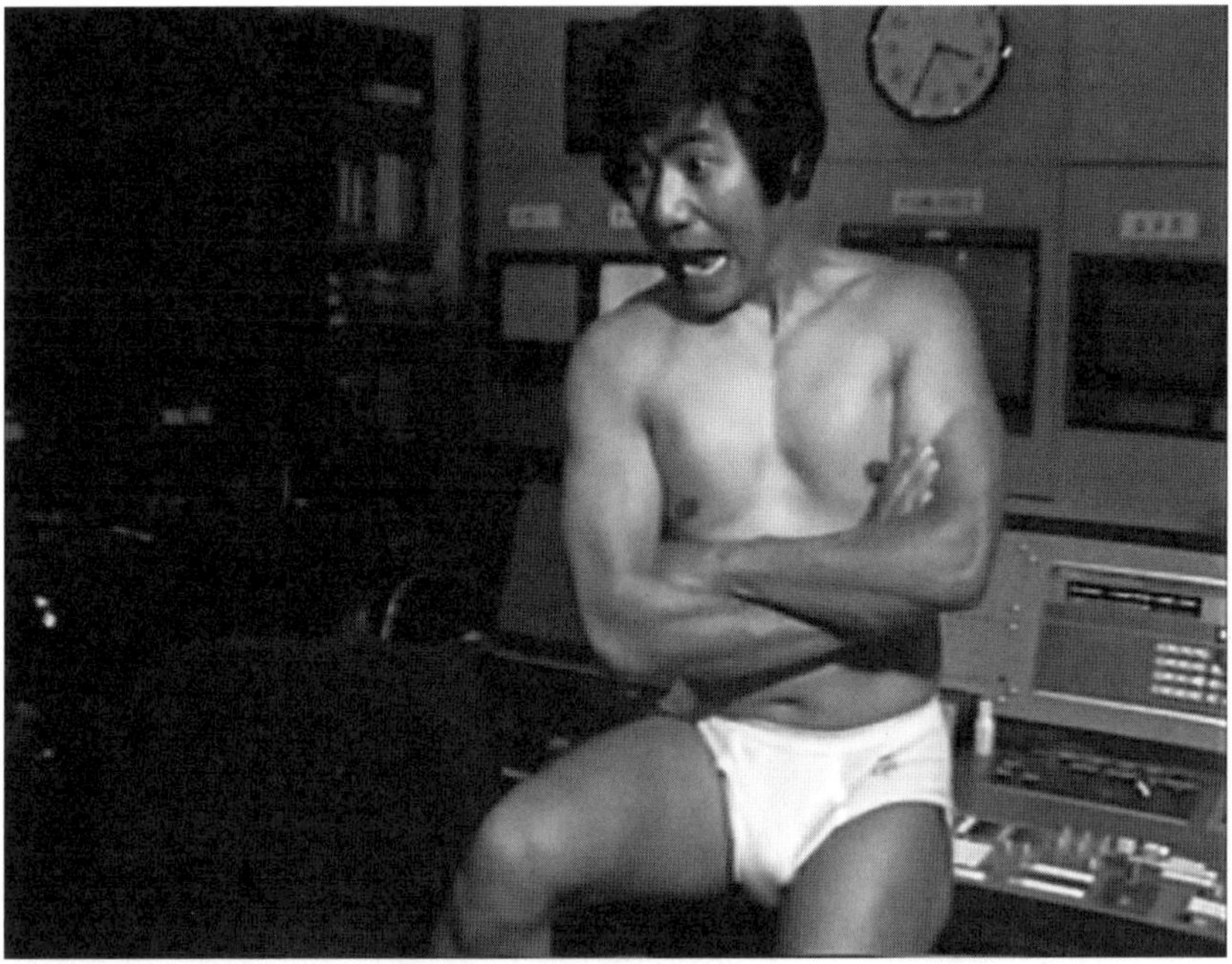

パンツ一丁でポーズをとらせたら人類最強の心意気の男の自負を持ち、生きてまいりました

いる時を狙って会いに行きます。

海外にいる時でしたら尚、効果的です。たとえば突然パリの一流ホテルのロビーに現れた私を見て、大物女優は驚きます。『まあ、どうなさったんですか』と先方から声をかけてくれるのです。そこで私は、『昨日編集会議であなたの写真集を出す企画が通りました。一刻も早く、そのことをあなたにお知らせしようと直行便で来てさっき飛行場についたばかりです』といいます。

女優といえど人間です。私のために遠路はるばるこのパリまで来てくれた、と感動してくれます。そこから先は間違いなく、初めてのヌード写真集に挑戦してくれることになるのです」

編集者はこうした「将を射んと欲すれば先ず馬を射よ」の心づもりで、今回は拘置所にやって来た、という訳です。

〝編集者〟とは後年、「スコラ」の編集長となった北井氏です。氏は20年ほど前、若くして逝かれましたが、あのような無鉄砲なサムライ編集者の不在が、今日の雑誌の衰退を招いているように思われるのです。

022 人生において成功といわれるものは、あまねく運でしかない

ハワイの拘置所では、もう一人の日本人との出会いがありました。20歳代の青年です。彼は2週間ほど遅れて拘置所に収容されてきました。別の大部屋にいましたが、食堂で出会い親しく会話をするようになったのです。

彼が逮捕されることになった容疑は「強姦」でした。アメリカでは強姦は殺人と同じ重罪です。どうしてそんな罪を犯すことになったのでしょうか。青年は「僕は無実です」とキッパリといい張っていました。

青年の語るところによれば、「無実」なのに逮捕されることになった事件のあらましは次のようなものでした。

ハワイ・ホノルル観光に青年がやって来て4日目のことです。夕陽の美しいワイキキビーチを歩いていると、若い日本人の女性に声をかけられました。一緒に遊ばないか、というのです。誘われるままに、彼女が借りているというコンドミ

ニアムの部屋に付いていくと、そこには彼女と同年代の若い日本人女性がいました。3人で「3Pをしよう」と女性たちから大胆な提案をされたのです。

後で知ることになるのですが、彼女たちは日本では風俗の仕事をしていて、ハワイにはその延長の出張ビジネスの感覚で来ていたのでした。

青年は3Pには興味がありませんでしたので断り、2人きりがいい、と最初にワイキキビーチで声をかけてきた娘を指名しました。あぶれた方の彼女は「ヘンなの」と捨て台詞を吐いて部屋を出て行ったといいます。

それから30分後、指名した彼女とベッドの上でSEXをしているときに、数人の警察官に踏み込まれ、青年は「強姦」の現行犯で逮捕されたのです。

何故、突然の警察官の乱入があったのでしょうか。フテ腐れて外に出たもう一人の彼女に、通りがかった警察官が声をかけてきました。それを彼女は、自分たちが客引き商売をしている疑いをかけられたと誤解したのです。狼狽《うろた》えた彼女は咄嗟《とっさ》に「私の友人が部屋でレイプされている、ヘルプ」と助けを求めたのでした。

強姦されていることにすれば、部屋まで同行を求められても嘘でいい逃れができると考えたからです。

かくて青年は青天の霹靂《へきれき》となって「強姦犯」として逮捕され、拘置所に送られてきたというわけです。

気の毒でした。青年は「裁判になったら面会に来てくれた日本領事館の人のアドバイスを受けて〝すみませんでした〟と頭を下げるつもりです。そうすればすぐに国外退去になって日本に帰れるみたいなんです」といっていました。

その後、私が、日本円にして約５００万円の保釈金を払い釈放されてから、４カ月ほど経って、青年に判決が出たことを知りました。なんと、それは「懲役25年」という長期刑でした。

青年は米国本土の刑務所に移送されて行きました。無実の罪でこれから巌窟王のように25年も、あの「この世の地獄」といわれる刑務所暮らしをしなければならない青年が可哀そうでなりませんでした。

まさか我が身が３７０年もの懲役を求刑されるとは知らずに、です。

023
人間はいざとなれば生きるためになんでもやるのだ。人間のいざとなれば、の本能を甘く見てはいけない。常識や道徳なんかクソ喰らえだ、なんとしても生きるのだ

雑誌の連載を読んだ知人の男が「そういえば腰を突き出すように歩いているのは、ハワイでの出来事のせいなんですね」と宣いました。

ハワイの拘置所の大部屋のシャワー室で、巨漢の悪漢諸氏にお仕置きされたことを指しているのです。お尻の味が忘れられずについ迎え入れるようなポーズをしている、というワケです。

バカをいっちゃやいけない、と頭を小突いてやりました。お仕置きをされたのは極悪人どもの欲求不満のハケ口にされたから、という理由だけではありませんでした。確かに当時の私は40手前で、肌はピチピチと輝いていました。手前味噌ですが、彼らから見れば20代の青年のように思われたのかもしれません。

が、お仕置きの理由は他に2つほど思い当たることがありました。1つ目はポルノで捕まったことです。ご案内のようにアメリカではポルノは合法です。捕まるのは未成年を相手にポルノ撮影の淫行を働いた輩です。

ポルノで逮捕されてきた私は、その手の無法者だと誤解され、目から火花が出るほどのお仕置きをされたのでした。大部屋で同居生活を送る悪漢諸氏の中にも、子供を持つ者も少なくありません。自分の可愛い子供が罰当たりなことをされたら、との怒りが、私への制裁へと向かわせたのでした。

2つ目は当時の米国での日本人への悪感情がありました。

あの頃の日本はバブルの絶頂期で東京都の地価で米国本土が全部買えるといわれたほどに、日本は金余りでした。豊富なジャパンマネーが米国を席捲し、ニューヨークのシンボルといわれる高層ビルを日本企業が買ったり、ハワイでも名だたるホテルや名門ゴルフ場が日本人の手に落ちていきました。

米国本土やハワイで金満日本に対する反日感情が渦巻いていた最高潮の時に、飛んで火に入る夏の虫となって逮捕されたのです。

米国人の、日本人を懲らしめてやりたい、とのやっかみの格好の獲物に、手前どもがなりました。

ちなみに逮捕されたのは日本軍が真珠湾に奇襲攻撃をかけた12月8日より少し前の12月5日です。逮捕を敢行したFBI、ハワイ州警察、ホノルル市警、イミグレーションの50余名の合同捜査チームのコードネームは「トラ・トラ・トラ」です。冗談のようですが、本当の話です。

このことはのちに裁判によって明らかにされました。シャワー室での可愛がりが恐ろしく、このままではいずれ気が狂うしかないと諦めかけていた時、幸運の女神が舞い降りて来て、保釈されたのです。

保釈金は500万円です。身元引受人は天台宗ハワイ別院の荒了寛先生です。

天理教、創価学会、立正佼成会、PL教団などにホノルルにある日本総領事館が掛け合ってくれましたが、いずれも拒否され、荒先生だけが「窮鳥懐に入れば猟師も殺さず」の仏の心で、引き受けてくださったのでした。

024
所詮なるようにしかならない、と夕カを括って生きる生き方が、肝心でございます

保釈され、ホノルルの天台宗ハワイ別院の荒了寛先生に身柄を引き受けていただきましたが、それからが一騒動でした。天台宗の檀家の皆さまが集団で別院を訪れ、「この寺をポルノ寺にするつもりか」と荒先生へ抗議を突き付けたのです。手前どもの事件は地元ハワイでもテレビや新聞で大きく報道されました。日本人の恥の「ポルノの帝王」が我がご先祖を祀って供養をするお寺に棲みついているのは我慢がならないというワケです。

檀家の皆さまの多くは、日系の人たちです。日本人としての誇りを胸に、この異国の空の下で艱難辛苦《かんなんしんく》に耐えながら生きてきたのに、そのプライドを踏みにじられてたまるか、との思いに駆られていたのでした。

荒先生との「団交」はしばらく続きました。

しかし、荒先生は一歩も引かず「仏の心を曲げるわけにはいかない」と私を守

りぬいてくださったのです。

保釈されてから天台宗ハワイ別院の庭の隅にある、小さな小屋で一人生活することになりました。お世話になって1週間ほどした早朝でした。庭先から人の動く気配と奇妙な声が聞こえてきたのです。

なにごとかしらん、と小窓から外を覗いて見ると、1メートル80センチはあろうかと思われる大男が奇声を上げながら走り回っていたのです。その後を荒先生の奥さまが必死になって追いかけ、飛び付くように押さえ込まれて母屋の自宅へと連れて戻られました。

何事が起きたのか、と理解ができませんでした。朝6時には、荒先生とお寺の本堂で朝食をとることになっていました。いつものように食堂に行き、席に座ると「君はさっき、何か見なかったかい」と先生がお尋ねになられました。

正直に見たままをお伝えしますと、荒先生は「君が見たあの大男は、私の息子なんだよ」と話されたのです。

「あの子は、子供の頃に病気にかかってしまってね、脳に障害が起こって、治る見込みがないとの診断をされた時、私はハワイで生活することを考えたんだ。病気になってしまった息子のためには一年中暖かいハワイの気候がとても優しくしてくれるような気がしたからね。それで大学教授の職を捨て、このハワイの地にやって来て、一からお寺を建てることにしたんだよ。最初はとても苦労したけれど、沢山の檀家さんに恵まれて、こうして広い敷地に立派なお寺を建てることができたんだよ。家内もね、息子より2つ年上の娘も喜んでくれてね、日本では味わうことのできなかった一家団欒《だんらん》の刻《とき》をようやく持つことができたんだよ。

君の身元引受人になったのも息子がいたからなんだ。息子から慈悲の心を教えてもらったお陰で、なんの迷いもなく君の身元引受人に名乗り出ることができたんだよ。息子がいなければね、慈悲の心など生涯知ることができなかったように思うんだ。だから君も今回の経験を生かして、決して腐ることなく精進しなければならないよ」と静かに語りかけてくださったのでした。

奥さまもお嬢様も、ハワイに移住された機会に剃髪をなされ、仏門に入り、荒先生を支えられているのでした。

025 綱渡りをしている方が輝いて見えます

ハワイの拘置所から保釈金を積んで解放されて、待ち受けている裁判の準備に入りました。

アメリカには約130万人、日本の約4万人と比べて30倍以上もの弁護士が存在しますが、多い分だけ玉石混淆《ぎょくせきこんこう》のきらいは免れません。優秀と評判の弁護士は基本的に刑事事件の弁護活動をしません。金にならないからです。刑事事件で逮捕されている人間はほとんどの場合、金欠病です。そんな貧乏人を相手にしているよりも、一流といわれる弁護士はもっぱら民事の遺産相続や不動産取引、企業買収といった仕事に励んでいます。

ハワイでは、家の前にバナナの皮が落ちていて滑って転んだ、ヤシの実が頭に落ちてきて怪我をした、といったことで裁判になることが珍しくありません。こうしたしょうもないことを裁判にして糊口を凌いでいる、仕事にあぶれた弁護士が少なくないのです。

事故や事件があると当事者のところにこうした弁護士から、「私に任せてください。損害賠償金を間違いなくふんだくってやりますから」との売り込みがあります。

弁護士が多いせいで、なにかあるとすぐに裁判を起こす、訴訟社会になっているのでした。

私のところにも、ニュースを見て売り込みにやってきた弁護士事務所が何件かありました。が、異国のことで誰が有能な弁護士であるか、皆目見当がつきませんでした。そこですがったのが取り調べのときに通訳を担当してくださった日本人女性のSさんです。Sさんは米国人の夫に先立たれた後、米国の裁判の法廷通訳の資格をとり活動していてハワイの弁護士事情を熟知していました。

そのSさんが紹介してくださったのが、ジェームズ・コシバ弁護士事務所という、ハワイ・ホノルルでは名の知られた日系弁護士事務所でした。

法廷での活動を目の当たりにして、この弁護士なら信頼できると太鼓判を押してくれたのです。

頭の中はエロのことではちきれそうで、眩暈を起こしかけた寸前のショット

早速Sさんにアポイントをとっていただき、弁護をお願いに行きました。

ダウンタウンの高層階の、ジェームズ・コシバ弁護士事務所は、所属弁護士が20人近くいる大所帯でした。ボスのジェームズ・コシバ氏は細身で愛想のいい紳士でしたが、その眼光の鋭さから一見して切れ者であることがわかりました。

祖父母が日本からの移住者で、「自分はほとんど日本語がワカリマセン、わかるのはアリガトウ、とサヨウナラ、ぐらいです」と屈託のない笑みを浮かべた彼に親近感を覚えました。

この弁護士なら自分の運命を委ねてもいい、と信用しました。しかし、ジェームズ・コシバ氏は弁護を引き受けることを容易に承諾してくれませんでした。この先1年間はビッシリ予定が詰まっていて、無理だというのです。

困りました。斯《か》くなる上は「金の力」で勝負するしかないと腹を括りました。

「弁護士費用5000万円でどうでしょう」とこちらから切り出したのです。

026 辛いからといってうなだれてしまったら、上からたたかれてションベンをひっかけられてしまう。だから、つっぱっていかなければならない

「5000万円の弁護士費用を、お支払いします」と聞いて、弁護士のコシバ氏は困惑した表情を浮かべましたが、しばし沈思黙考の末に、「OK」と弁護を引き受けてくださったのでした。

日本では「私の目を見てください」が通じても、契約社会のアメリカでは「お金がすべて」です。あなたの能力と時間をこのお金で買いたい、との取引しか通じません。「金がないのは首がないのと同じ」なのです。

コシバ弁護士からは次のような提案がありました。今回の件は私を含めて16人と担当する被告が多く、7人の弁護士が必要であるということ。1人の弁護士を1時間拘束するにあたっての費用は150ドル、裁判の途中でも預かった5000万円の預託金がなくなれば弁護活動は終了する、とのことでした。

アメリカで一流弁護士を雇うなら、1時間に150ドルぐらいは当然のこと、安いぐらいだと快く申し出を引き受け、さっそく日本からコシバ氏の弁護士事務所に5000万円の預託金を振り込ませました。

裁判のための最初の事前打ち合わせをコシバ弁護士事務所で行うと、先方からは7人の弁護士が参加しました。手前どもとスタッフ、あわせて16人がそれぞれの弁護士から個々に裁判でのアドバイスを受けたのです。全部終わるのに4時間ほどかかりました。

7人の弁護士を4時間拘束したことで、1回の打ち合わせで合計4200ドルの弁護士費用となりました。

当時の1ドルに対するレートは140円前後だったと記憶しています。それ以外に立ち会ったSさんを含めた7人の通訳氏にも別途2000ドルの支払いが必要でした。弁護士事務所から帰りがけにレシートを渡されました。そこには6200ドルの請求書と領収書の数字が並んでいました。

これから先に待ち受けている長い裁判のことを思うと気が遠くなりそうでした。

裁判にかかった費用はそれだけではありません。一緒に裁判を受けることになったスタッフ15人のハワイでの滞在費用も馬鹿になりませんでした。

スタッフの中には社員以外に外部の女優や男優、カメラマンやメイクアップアーティストもいました。それら全員分のハワイでかかる費用と収入を保障しました。スタッフ15人は荒了寛先生のお寺の宿泊所に住まわせていただいていました。宿泊費はお寺のご厚意で僅かばかりで済みましたが、昼食と夕食の食費はすべて外食で、思いのほか費用がかさんだのです。

それ以外に頭を悩ませたのは、自分は生きて再び日本に戻ることができないかもしれないという状況の中でのスタッフからの際限のない要求でした。

第2章 人生には再生できるチャンスが必ずあるんです

身元引受人となってくださった天台宗ハワイ別院・荒了寛先生との生涯忘れ得ない感謝の座禅

027 人の役割の第一は、何よりも自分の命を生ききること

米国の裁判では、本裁判がはじまる前に予審があります。検察と弁護人双方がこれから行われる裁判について、お互いの主張をあらかじめぶつけ合い、持っているカードを見せ合います。それにより裁判長は裁判のおおよそのスケジュールを決めて、本裁判に臨みます。

いくつかある容疑の中に「ビザの詐取」というものがありました。撮影目的での入国でありながら、偽って観光ビザで入国したということが「ビザの詐取」にあたるというのが検察側のいい分でした。

「ビザの詐取」は連邦法違反の重罪です。よって裁判はハワイ州の法律で裁かれるのではなく、アメリカ連邦裁判所で審理されることになりました。

メキシコから数百万人の密入国者が米国に侵入し、労働ビザなしで働いていますが、逮捕されても裁判にかけられることなく国外追放されるだけです。

不法侵入のパスポート不所持の犯罪者より、正規のパスポートを持って入国し、資格外活動を行った人間の方が、何十倍も罪が重いということなのでした。

資格外活動といっても、雇用主は米国人ではなく、自分の日本の会社でした。米国の雇用や労働者になんの危害を与えたわけでもなく「ビザの詐取」に問われることに釈然としませんでした。

加えて検察側はいくつかの罪で裁くことを予審の段階で裁判所に申し立ててきました。その中のひとつに「マン・アクト法違反」というものがありました。

当時から約80年前の1900年代初頭にアメリカで無敵を誇った黒人のボクサーがいました。このチャンピオンは勝利をすると、愛人の白人の娼婦をリングに上げ、これ見よがしに熱く抱擁をしてみせたのです。

人種差別の厳しい時代でした。晩メシもノドを通らぬほどの屈辱感に燃えた白人社会が、この蛮行を阻止せんとつくった法律が「マン・アクト法」でした。

この法律は、「州や国境を越えて猥褻な目的で、何人《なんびと》も米国内で活動をしてはならない」というものです。この古色蒼然たる埃のかぶった法律を、約80年ぶりに検察当局は裁判に持ち出してきたのでした。

予審の段階で私にかけられた容疑は66ありました。15人のスタッフには「ビザの詐取」「共謀罪」「証拠隠滅」「マン・アクト法違反」の容疑が4つかけられましたが、私はスタッフ15人の主犯として60の容疑をかけられ、それに自分の罪4つと、不明な理由の2つの罪が加わり、「66」の罪で起訴されたのです。

日本には包括一罪という法解釈がありますが、米国では違いました。ひとつひとつの罪に判決をくだすというやり方です。

弁護士によれば検察の主張通りに判決が下れば、私は370年の刑に服さなければならないというのです。

話を聞いて脱糞しました。

028 私は人生のピークを80歳に設定しているんです

予審の法廷で、370年を検察から求刑されることを弁護士から聞いて、思わず脱糞したのにはいささか訳がありました。それまで刑事に逮捕状を見せられる都度に急性下痢となり、トイレに駆け込む癖があったからです。

事情を知らない刑事が慌てて「逃げるな」とトイレに駆け付けてきたこともありました。

驚くと下痢をおこす、の悲しい体質になっていたのですが、それがこの鬼畜米英の本拠地アメリカ連邦法廷で起きたことは誠に残念でした。かろうじてトイレに駆け込み処置を施し、醜態をさらすことからは免れましたが、「懲役370年」が覆いかぶさってきました。

日本では検察から起訴をされると99・9%の確率で有罪になります。なまじ日本での裁判の体験をしているだけに、「懲役370年」の起訴は天地がひっくり返るほどの衝撃でした。

370年とは、死して4度を重ねないと故国の地を踏むことができない勘定です。よくアメリカの監獄映画で人間の寿命をはるかに超えた、「懲役100年」とか「200年」の判決を喰らって気が狂ったようになる囚人の姿を見ていましたが、まさか自分がその当事者になるとは夢にも思いませんでした。

弁護士によればスタッフ15人の方は初犯であり、私の従犯であるから、どういう判決が出ても間違いなく執行猶予が付いて日本に帰れるだろう、ということです。

一緒に地獄まで道連れにすることにならずに済んだ、というのがせめてもの救いでした。気落ちする私に弁護士は「アメリカはファイティングスピリッツの国だ。戦わずして負けを認める者はコテンパンにやられる。最後まで諦めるな、ファイト、ファイト」と励ましました。

「そうだ、ここで諦めたら生きて日本に戻れなくなる。なんとしてもここは戦って日本に帰ろう」と自らを鼓舞しましたが、しかし、日本での裁判の経験が悪い方に出ました。日本で起訴されたらほとんど間違いなく有罪になるのに、言葉も人種も違うこの国で裁判にかけられたら、どこに勝ち目があるというのだ、という諦めの気持ちが心を覆い、暗澹《あんたん》たる気持ちになったのです。

ホノルルのヨットハーバーに行き、海を眺めながら、はるか日本を思っていると、このままこのハワイで朽ち果ててたまるか、という闘争心が湧き上がってきました。何としてでも、密かに日本に帰ってやろうと決心したのです。

ハワイの総領事館に駐在している、警察庁から派遣されているエリートスタッフに、「私がここから日本に逃げ帰ったら、日本政府はどうするでしょう」と尋ねたところ、「日本人であるあなたを日本政府が入国拒否するいわれはどこにもありません」と明快な答えが返ってきました。

よし、と覚悟が決まりました。いざとなったら太平洋を独りぼっちで行こう、と。

029 ガマンの後に天国がやってくる、SEXと人生

人を殺したワケでもないのに、370年もこの異国の空にとどめ置かれてたまるか、との憤怒に燃え、堀江謙一さまのごとくにヨットで太平洋を横断し、我が故国日本に帰ることを心に決めました。

成功の見通しはありました。

日本にいる知人の男に優れたヨットマンがいました。その男にハワイから電話を入れて相談すると、「これまで小笠原やグアムには何回もヨットで行っているから心配ない、まかせておけ」との心強い快諾を貰っていたのです。

持つべきものは友達、でございます。人生を変えるのは運ではなく人との出会いだ、と暗闇に一筋の光明を見い出したものでございます。

いずれ15人のスタッフは軽い罪を受けて日本に戻ることになる。それを見届けた後に知人のヨットマンを日本からハワイに呼び寄せ、実行することにしたのです。ただ、万が一、沿岸警備隊に見つかり拿捕《だほ》されることを考え、航路はタヒチ

経由をとることにしました。

捕まった時にヨットが日本の方向を向いていなければ、操船を誤り遭難したことにできると考えたからです。

後日談となりますが、日本に戻ってこのやり口を知人に話したことがありました。するとその男は、その後真似てその通りにハワイからタヒチ経由で日本に帰ろうとしたのでございます。

男は脱税容疑で国外に逃亡しました。10億円近い税金を納めるくらいなら死んだ方がマシと覚悟を決めた「命よりカネが大事」のタイプの守銭奴でございます。

逃亡した先はハワイでした。ハワイのホテルの部屋に「死んで罪を償います」との書き置きをのこし、私が書いた筋書き通りに腕のいいヨットマンを日本から呼び寄せ、タヒチから南太平洋の航路を辿って密かに日本に舞い戻ることを実行に移したのです。

ホノルルのヨットハーバーで3000万円で仕入れた中古のヨットに十分な食料と水を積み込み、ハワイの沖から勇躍、帆を張ってタヒチへと向かったのでございました。

タヒチから南太平洋の島々を縫って航海は順調でしたが、フィジーの海で台風に遭いました。ヨットのマストは折れ、転覆し、船内の無線機は海水に濡れて使用不可能となり、水や食べ物も流され、漂流生活を送ることになったのです。

雨水で喉を潤し、食べ物は時折飛び込んでくるトビウオや、ヨットの船べりに付着したコケで飢えを凌ぎました。

屈強なヨットマンは20キロほど痩せ、〝脱税男〟も穿いていたパンツがズリ落ちるほどに痩せ細ったといいます。

もはやこれまで、と諦めかけた時でした。悪運強く、通りがかった漁船に発見されて助けられ、九死に一生を得たのでした。

〝脱税男〟は船内に持ち込んだ鞄の中に５０００万円の日本円を隠し持っていましたが、お礼にと命の恩人の漁師に差し出したのは、たった1束の１００万円のみでした。

「命よりカネ」の男らしい振る舞いでございます。

第3章

SEXでは負けない、というプライド

030

私は逆風を浴びて生きてきたから逞《たくま》しくなったんです

３７０年の懲役の求刑を受けて、一緒に捕まったスタッフは「もはやこれまで」と背を向けました。普段、義理だ人情だといっている輩に限って変わり身の早いことは、これまで人生の修羅場を数多くくぐられてきた読者諸兄は先刻ご承知のことと存じます。

不徳の致すところと申しましょうか、人徳のなさがスタッフの人心の離反を招いたのです。スタッフの勝手な振る舞いをできるだけ受け入れ、耐え難きを耐え、忍び難きを忍んだのでございますが、自業自得の身から出たサビとはいえ、こうも人はあっけなく掌返しをするものかと、人間不信に陥りました。その沈む心を支えてくれたのは、一緒に捕まり拘留生活を送っていた２人の女優でした。

そのうちの１人、Ｙ嬢は関東の地方都市の大地主の娘でした。女優を目指して東京に出てきたところを私が見惚め、口説き、出来心でＡＶに出演なされたのでございます。

そのY嬢の実家に一度伺ったことがありました。東京から車で2時間ほど走ったその地方都市に着くと、出迎えてくれたY嬢が自分の住むその土地を案内してくれました。

「ここはおじいちゃんが地域の人に使っていただいている土地なの」と彼女が指さす場所には緑豊かな公園と広大な野球場が広がっていました。「この辺は住宅地になっているんです」と彼女が案内してくださった自宅の場所周辺は豪勢な家が立ち並んでいました。

「これが私の実家なんです」と立ち止まった家の門構えはさながら江戸時代の大名屋敷のような立派な造りでした。

そしてその門をくぐった向こうには、かつての目黒エンペラーを彷彿させる西洋風の豪邸が立っていたのでございます。

「両親は早く結婚してお婿さんを貰え、ってうるさいんです。私は一人娘だから」とはにかむような表情で私を窺う様子を見せた、桁違いの土地持ちの大金持ちの家の娘のY嬢でした。

人生、瞬間の積み重ねといいます。あの瞬間に別の決断をしていたなら今頃は、と妄想することがあります。あの時「よろしく」と小指と小指を絡ませたなら、どんな人生や世界が待っていただろうと思うのでございます。

Y嬢は無事ハワイから日本に戻られてからは、AV業界を去られて故郷に戻られました。しばらくしてお見合いをなされ、優秀と評判の高い弁護士先生のもとへと嫁がれました。

20年ほど前のことです。ハワイで身元引受人になっていただいた荒了寛先生からお便りをいただき、Y嬢のその後の消息を知ることができました。Y嬢は夫となった弁護士と授かった3人の子供を連れてよく顔を見せにくる、とのことでした。Y嬢らしい礼儀正しさでございます。

人生の幸せは、いくらジタバタしても授からない者には授からず、授かる者には授かることを改めて思い知らされたのです。

031

遠回りして初めて、本なら2行で書いてあるような真実が、沁みる。そういうもんなんです

ハワイでの裁判の日々で私を励まし、勇気を与えてくれたもう一人の女優は、沙羅樹嬢です。彼女が17歳の時に渋谷のカフェで別の女優を面接している時、偶然、隣のテーブルに座っているところを見初めて、ＡＶの世界へと入っていただきました。

18歳になるまでの間は写真集などで経験を積んでいただき、18歳になったその日に、沖縄・黒島に飛び、彼女の処女作品を撮影いたしました。

デビューしてからは、そのロリータフェイスと白磁のような透明な肌が人気を呼び、瞬く間にトップ人気女優となりました。

「沙羅樹」の名前は私が名付け親です。黒島には彼女以外にも5人のＡＶ女優を連れて行きました。忙しいスケジュールで次から次へと撮影をこなすので精一杯でした。彼女の撮影の順番がやって来て、まだ芸名を付けていないことに気付い

たのです。撮影開始の時間は刻々と迫ってきています。

どういう名前がいいだろうか、と悩みました。が、いくら考えても、これだという名前が浮かんできません。頭の中に「祇園精舎の鐘の声、諸行無常の響あり。娑羅双樹の花の色…」のあの『平家物語』の一節が過《よぎ》りました。

そして、アッ、これだ、と「沙（娑）羅双樹」から「沙羅」を姓に、名前を「樹《いつき》」と付けることを思いついたのです。

最初、本人はもっとエレガントな名前を希望していたようで、喜びも中ぐらいの表情でしたが、次第に名前の意味するところを知るようになり、気に入ってもらうことができました。今では「沙羅」とつく女性のスキージャンパーや、スナックやレストラン、ブティックなども出現して、名付け親としての面目を施しております。

彼女と日本に戻って来てから、それまでのクリスタル映像と別れ、新たにダイヤモンド映像を設立しました。彼女の紹介で、経理に明るいとの彼女の実父を専務に迎え入れ、お仕事をしていただいたのも懐かしい思い出です。

沙羅樹嬢は、その後しばらくして、彼女のファンであった外科医と結婚しました。外科医がインターンのときから、経済的にも献身的に支えた沙羅樹嬢でしたが、結婚生活はわずか5年で終わりを告げました。

離婚の原因を詳しく明かすことのない彼女ですが、外科医として一人立ちをした夫が別の風景を見ることとなって、ＡＶ出演の過去を持つ彼女は将来、大学教授を目指している自分には相応しくないと、別れを切り出されたというのが真相のようでした。

冷酷な男でございます。

許せない、とも思いました。が、彼女は「そんな男とわからずに一緒のお墓に入らないでよかった」と明るく笑うのです。

知り合って早35年、時折、電話で話す機会がありますが、純粋な心はあの頃のままで、私にとっては宝物のような存在でございます。

032 人間はただならぬ欲望を秘めているものなのです

ハワイ・ホノルルで370年懲役の求刑を喰らい、明日をも知れなくなった我が身を思い、悶々としていました。もし本当にそんなことになったら、と考えると、いてもたってもいられませんでした。

たぶんあの時の心境は、死刑をいい渡された囚人のごときであったように思います。ともすれば奈落の底に突き落とされたような絶望の淵から救い上げてくれたのは、黒木香嬢でした。

彼女は共にハワイに撮影に来ておりましたが、いかなる神の恩寵か、16人のスタッフが一網打尽となる前日に、仕事の都合で一足早く日本に帰国していました。

保釈され天台宗ハワイ別院の荒了寛先生のもとに身を寄せてから、毎日のように黒木香嬢とは電話で話しましたが、今のようにSNSが発達していない時代のことです。つい長電話となると国際電話料金はベラボーな金額となりました。

第3章 SEXでは負けない、というプライド

支払いは日本で、会社が払っていましたが、月に300万円を超えることも珍しくありませんでした。どうしてそれほどの高額な電話代がかかったのかと申しますと、テレフォンSEXをしていたからです。あの頃、東京―ハワイ間でテレフォンSEXに支払った金額では、今もって破られることのない記録と自負しております。

一足先に日本に戻った黒木香嬢は、その類まれなる知性とユニークなキャラクターでたちまちのうちに人気者となりました。連日のようにテレビ出演やラジオ、新聞、週刊誌、などのメディアに登場し、注目を浴びるようになったのです。

特に話題を呼んだのは脇毛でした。昼間のテレビで恥毛のごとき脇毛をあからさまに露出し、お茶の間の皆さまのド肝を抜いたのです。またその歯に衣着せぬエロティックな表現は衝撃を与えました。

「あなたは女性の恥です」と彼女を糾弾する急先鋒となったのは、同性の著名な女性評論家です。テレビの生放送中に「アバズレ」との面罵を受けたこともありました。同じ女性でありながら、古き時代の性意識にとらわれ、女性が「おスケ

べ」であることを許せない「健全」を振りかざす差別主義者でした。

黒木香嬢はそうしたバッシングをものともせずに、毅然として動じることはありませんでした。

が、1人になればまだ20代の若い娘です。夜毎、電話をかけてきて「助けて」と救いを求めてきました。が遠く離れた異国の空の下での捕われの身では如何ともしがたく、慰めることしかできませんでした。

既に黒木香嬢とはAVのみならず、私的にも心身ともに結ばれた関係にありました。黒木香嬢の嘆きを電話の向こうで聞きながら、気が付けば「脱いでごらん、パンティを」と誘いの矢を放っていたのです。

「恥ずかしい」と黒木香嬢のスイッチの入った声を合図に、太平洋に架かるSEXがスタートしたのでございます。

033 戦う前から白旗を上げているから舐められるのです

　黒木香嬢と最初に会ったのは、彼女がまだ横浜国立大学に在学中のことでした。宗教芸術を学ぶためにイタリア留学を計画していて、その費用を工面するためにAVに出演する、とのことでした。

　黒く長い髪をなびかせ、妖しい光を放つ瞳の持ち主でした。実家の父親は一流企業の重役をしていて、AVに出演して留学費用を稼がなくても経済的には十分のように見受けられましたが、自立心の強い彼女は「自分で働いたお金で留学したいんです」というのです。

　AV出演にあたっては「どんなことをしたらいいのでしょう」とのお尋ねがあり、当時人気だった川上宗薫や宇野鴻一郎、宮島健夫の名を挙げ、「彼らの小説の中から女性の放っている阿鼻叫喚《あびきょうかん》の言葉を選んで学ばれたらいかがでしょう」とアドバイスをしました。

面接から1週間後の撮影当日、彼女は大学ノートを開いて見せてきました。そこには20ページにわたり、綺麗な字で当代人気の官能小説家の文章の中から抜粋した、まぐわいの時の女性の「痴語、隠語」がビッシリと書き込まれてあったのです。

なんと几帳面なことよと感心しつつ彼女のひたむきな姿勢に心が揺れました。と同時に良家の子女とはかくのごときに何事にも真摯に取り組むものなのかと、驚きを禁じ得なかったのでございます。

那須塩原の高原で「高原を走る美少女」なるタイトルのAV作品を撮る予定でした。車中、後部座席の彼女を窺うと、真剣な表情で持参した外国書を読んでいます。

「何を読んでいるの?」と尋ねると「今度イタリアに留学するので、イタリア語を勉強しているんです」との答えです。

これからくんずほぐれつの性愛シーンを撮影するというのに、なんと腹の据わっていることよ、と感心しました。浮世離れをした感性の持ち主の彼女にとって

第3章 SEXでは負けない、というプライド

フンドシ一丁にロールス・ロイスで見得を切らせたら日本一、の晴れ姿

は、なんの不思議もない自然な佇まいに過ぎなかったのでしたが……。

　那須のコテージに入り、スタッフとは別れて黒木香嬢と別棟に入りました。恒例となっている、撮影前に出演する女優にアドバイスをするためです。撮影中は普段のＳＥＸと比べて声を2倍から3倍大きく張り上げるように、との注文を出しました。見ている人がわかるように、控え目ではなく少しオーバー気味がちょうどいいことを教えたのです。

　手はダランとして遊ばせることなく、シーツを摑んだり、相手の髪や体を鷲摑みにすることも指南しました。

　最後に、目はクリトリスよりもセクシーポイントであるから、決して撮影中は目を閉じることなく、相手の男性の顔を見つめ続けるように、との演技指導です。

　ところが普段は20分で終了する予行演習が、彼女に限ってそれから6時間にわたって行われました。彼女が凄くスケベで、離れられなかったからです。

034 勇敢であれ、すべては後から付いてくる

黒木香嬢は全身性感帯、といってもいいほどに感じやすい肉体の持ち主でした。長くのびた黒い髪に手を触れただけで、鼻息を荒くし「うふーん」と妖しい吐息を漏らすのです。

白く細いうなじに唇を這わせると「ヒィーッ」と悲鳴のごとき歓喜の声です。なんという敏感な反応なのだ、と心の中で狼狽《うろた》えている自分がいました。

まだ性愛のとば口でこれほどに官能の炎に身を焦がしている彼女に、果たして自分は伍していけるだろうかと慄《おのの》いたのです。

彼女は何を施しても身をよじり快楽に身を委ねました。私が手かざしをしてもエクスタシーの頂にのぼりつめるがごときに、でございます。「こんなの初めて」とはこんな時に使う言葉でございましょう。

コテージの密室で教育的指導をはじめてから、どれほどの時間が経ったでしょうか。昼下がりの眩しい陽光を室内に浴びる中でスタートしてから、気が付けば

窓の外は薄暮の刻を迎えたのです。週末でした。コテージの外を往く人の足音が聞こえました。

「お父さん、さっきオオカミの遠吠えのような声が聞こえたけど、なんだろうね」と少年が父親に尋ねています。「そうだね、向こうの方から聞こえてきたね、あっちに行ってみよう」と親子の駆けだす足音が遠のいていきました。

まさしく黒木香嬢の口から発せられていた阿鼻叫喚の悶《もだ》え哭《な》きの声は、セレンゲティ高原のリカオンのごときであったのでございます。

はじまってから早6時間が経っていました。インサートはしなかったものの、黒木香嬢の蜜壺は熱く燃え、股間からタレ流れた大量の淫汁が、床に敷かれたオフホワイトの絨毯にハッキリとわかる掌《てのひら》大のシミを作っていました。

黒木香嬢の足の付け根に、怒張した我がモノを埋めたなら、ジュウ、という音が出るのではないかしらん、と思うほどに刻は熟していたのでございます。

スタッフに「撮影をはじめる」ことを連絡し、撮影用の別棟に移動しました。気がかりなことがありました。黒木香嬢の肉体を露わにしてはじめて気が付いたことでしたが、彼女が蓄えていた脇毛でございます。

イメージは「高原を走る深窓の令嬢」でしたから、脇毛はなんともそぐわない気がしたのでございます。しかし、剃毛していては時間が足りなくなる恐れがありました。その日の内に撮影を終え、東京に戻らなければならない別の予定を入れていたのです。

そのまま剃らずに脇毛のままに撮影をスタートさせ、彼女が手を上にあげて脇毛を見せるポーズに、これまでになくそそられるものを感じ、生唾を飲み込みました。

その後、この作品がＡＶ業界のみならず、日本人の女性の性意識を大きく変えたのみならず、今日ではNetflixで世界配信された「全裸監督」の主要なテーマとなっています。

035
とにかくやり続けることの中からしか、いろんなものは生まれてこない

ＡＶ史に燦然《さんぜん》と輝く黒木香嬢の「ＳＭぽいの好き」を撮影した当時の日本人女性の性意識は、男尊女卑の色濃い閉鎖的なものでした。

女性が性愛時に「イク」などと口にしようものなら「なんというアバズレ女」との批判を受け、それこそ「どこにでもイケ」と放逐されかねませんでした。男女の性愛は一方的に男性が性欲を満たす生殖行為のみが善とされ、女性が男性に拮抗し、伍して性を楽しむなどとは「犬畜生の所作」のごとき御法度となっていたのです。

撮影現場でも、女性のアクメの表情を撮るのは困難を極めました。お芝居で表情を作るのはいいが、素の本性を丸出しにして乱れるなどとは「死んでも嫌」と拒否されたのです。あまつさえ私のような得体の知れないオヤジと絡んで「絶叫」するものなら、ご先祖さまに申し訳が立たないとまで思い込まれていたので

した。

もし友達にＡＶ出演がバレた時、共演している相手がイケメンならまだしも、私ごときのスケベオヤジとイタして「喜悦の声」でも上げているのを目撃されたら、「アンタは金のためなら何でもヤる女なのね」とバカにされることとなり、死んでも死にきれないという訳です。

チョコボール向井も加藤鷹もまだデビューしておりませんでした。実際にリアルな本番を演じられる男優などどこにもおらず、裏本時代に鍛えていた私が出演するしか、手がありませんでした。

裏本での生本番を数多《あまた》に経験していたので、性愛表現でたじろぐことはありませんでした。しかし、いかに結合部から煙が立ち上がるほどの激しい突きを見せても、肝心の女優がマグロとなっていては話になりません。

「オ」ではじまり「コ」で終わる4文字を口にしていただくことを望んでも、「オシンコ」、「オシルコ」、が精一杯でした。さすれば代わりにとドンブリやフライパンを手に持っていただき、感じるままに片方の手に持ったスリコギ棒でそれを叩いていただくことにしたのです。

が、女優さまは夢中になって、その瞬間を迎えられると両の手を離されてしまい、ウマくいきませんでした。斯《か》くなる上はと黒木香嬢には小さなホラ貝を口にくわえていただき、「感じてきた、という時には1回、もっと感じてきた、という時には2回、たまらないという時には3回、笛を吹いてください」とお願いしたのです。

撮影がスタートすると、黒木香嬢はまるでハーメルンの笛吹きがごときとなり、自由自在に吹きまくられたのでございます。この時のシーンはこの度のNetflix「全裸監督」で忠実に再現され、世界190カ国に配信されました。世界の人々に「サムライは、こうした〝笛を吹く〟という雅やかな作法で性を楽しんでいるのか」との誤解をされたのではなかろうかと、いささか心配しているところでございます。

いずれにせよ黒木香嬢の尋常ではない底ナシ沼のごとき性欲はNetflixによって、世界の人々を震撼せしめたのでございます。

036 人生とは思いも掛けないことが起こるものです

黒木香嬢との那須塩原での撮影を終え、東京に戻ってから早速、編集にとりかかりました。が、正直なところ心は暗澹《あんたん》としていました。「高原を走る美少女」という作品を撮る予定でしたのに、撮り終えた内容は最初の企画とは程遠いものだったからです。黒木香嬢は淫乱でした。とてつもなく、です。これまでこれほどまでに奔放で性に耽溺《たんでき》する女性を知りませんでした。呆れるほどにドスケベだったのです。

果たしてこのような阿鼻叫喚《あびきょうかん》の性愛を、ビデオで販売して売れるものとなるかと編集室で茫然としていました。

そこに馴染みの刑事がヒョッコリ顔を出しました。彼は週に一度は必ず「業界の実情をさぐる」ことを名目に編集室に立ち寄っては編集中の作品に目を凝らしていました。お役ながら相当の「好きモノ」だったのです。

が、その審美眼は鋭く、この刑事がこれまで「面白い」との評価を下した作品はもれなくヒット作となりました。

取り敢えず編集した作品を刑事に見せました。刑事は見終えると、「今まで見てきた作品の、どの作品よりも面白い。最高傑作だ」と太鼓判を押すのです。

お客が何を望んでいるかはお客に聞けばいい、は商売の鉄則ですが、この時の「お客」は刑事でした。

これまで嫌というほどAV作品を見てきたこの刑事がここまで褒めてくれるなら間違いないだろうと、発売することに決めました。AV史に残る名作といわれる「SMぽいの好き」の生みの親は、何を隠そう刑事であったのです。

それでも恐る恐る、でした。それまでこうした出演女性の自由奔放な性を描いた作品は皆無でしたから、あまりに生々しくて、どう視聴者に受け入れられるか不安だったのです。

発売と同時に、作品は予想外の展開を見せました。かつてないほどの反響といっていい称賛の声が届いたのです。それまでは、せいぜい1000本売れればヒット作品といわれていましたが、瞬く間に全国の問屋から2万本もの注文をいただきました。

それればかりではありません。当時はインターネットもなく、話題となったこの作品を見るにはビデオレンタルショップへ走るしかありませんでした。しかし爆発的な人気となったために、ファンが借りて見ようにも、なかなか借りることができませんでした。

ならばと、全国から現金書留で注文が殺到し、その数約8万通にも及んだのです。定価1万4800円の作品でしたが、この作品1本で今までにないほどに大儲けできたのでございます。

10億円もの金を手にすると、凡人はジッとしておれないものです。ならば余勢を駆って、黒木香嬢の写真集をものにせんと、AV撮影のついでに彼女を同行してハワイと米国本土へと旅立ったのでした。

そして、逮捕の憂き目にあい、懲役370年を求刑されるに至った、という顚末です。

037 あの人間は汚い、嘘つき、卑劣、と、気が付けばそれは自分自身が持っている人間性そのものなのでした

黒木香嬢の「SMぽいの好き」の作品の中で見せた淫乱ぶりは、それまでの日本の男にとっては驚きであり、畏怖さえ感じさせるものだったからです。

著名なビデオ批評家の高杉弾氏は「これはものすごい大傑作だ。モデルの黒木香21歳は烏丸せつこと池上季実子を合わせたような顔をしているが、何といってもイイのは、黒々とした見事な脇毛を残しておられることだ。僕もポルノ・ビデオを随分見てきたが、脇毛のあるモデルを使った作品はほとんど記憶がない。（中略）そして登場の村西監督、爆笑のあとはアイデア抜群の壮絶な笛吹き本番を展開してくれます。女のスケベ全開で文句なしにいい」（ビデオ・ザワールド）と激賞されました。

「SMぽいの好き」への評価は業界人のみならず、日本を代表する知識人の間に

も及びました。芥川賞作家、村上龍氏は黒木香嬢との雑誌「平凡パンチ」誌上の対談で褒め称え、「あなたの演技を見て凄いなあ、と思うもの。指を順々に入れるシーンがあるじゃない、あれなんか白石加代子も真っ青みたいな、もう狂気の世界だもんね。興奮するというより、声が出たよ。怖くなった」と高い評価を得たのです。

またH氏賞受賞詩人のねじめ正一氏は「私は黒木さんの出現によって、前人未到の折り目正しい淫乱さを掘り当てた気分ですよ、純金に値しますよ。そのへんの私の気持ち、わかっていただけるでしょうか」と賛辞を送りました。

黒木香嬢の「平凡パンチ」誌上の対談に加えて「週刊ポスト」誌上での連載対談もはじまり、野坂昭如氏、大島渚氏、呉智英氏、泉麻人氏、菊地秀行氏、田中小実昌氏、栗本慎一郎氏、北方謙三氏、和田勉氏、といった当代一流の知識人と互角に語り合ったのです。

碩学《けんがく》たちは、ＡＶ出演をした国立大学在学中の女子大生が繰り広げる独自の価値観、世界観に触れ、驚愕しつつ酔いしれました。

人気の芥川賞作家、中上健次氏は、黒木香嬢と握手をする直前、「緊張するなあ」と右手をズボンで拭き、宗教史学者、中沢新一氏は「黒木さんのビデオを見て、ああ、ひさびさに括約筋の天使のようなものを感じて、これはいいなあと思った」と発言したのです。

黒木香嬢の存在はＡＶ業界の垣根を越えて、日本の社会に大きな影響を与え、社会現象にまでなりました。

「それはかつて日本人の誰もが見たこともない性の饗宴であり壮絶な狂態だったが、哲学的感動すら感じる人間の営みでもあった」（アダルトビデオ革命史・藤木ＴＤＣ）

038
ひたすら前だけを見て生きてきたような気がします

私がハワイで出口の見えない裁判の日々を送っている時、幸いにも一足早く日本に帰国した黒木香嬢は「SMぽいの好き」の空前のヒットで、一躍話題の人となっていました。

彼女の活躍ぶりは、太平洋の彼方で身悶《みもだ》える日々を送っている私にも届いていました。毎日のように営まれていた黒木香嬢とのテレフォンSEXの折々に、その人気のほどは彼女の口から聞き知っていました。加えてホノルルにある日本語専門書店に行けば、男性誌、女性誌を問わず、週刊誌のことごとくに彼女の写真や記事が掲載されていたからです。

まさしく彼女は「時の人」になっていたのですが、黒木香嬢によれば連日テレビやラジオのメディアへの出演が続いて、眠る暇もないとのことです。

「監督さんの一日も早いご帰国を、首を長くしてお待ち申し上げております。ワタクシ、寂しいんです」との黒木香嬢の電話での訴えを聞く度に「なんとか一日も早く日本に戻りたい」との思いが募りました。が、裁判は遅々として進みません。弁護士側と検察側がそれぞれの主張をぶつけ合い、時間だけが過ぎていったのです。

弁護士事務所に預託してあった5000万円の弁護料が瞬く間に減っていきました。スタッフを含めた16人が一堂に会して打ち合わせをしただけで、アッという間に200万円近くのお金が消えていったのです。

担当弁護士は「米国はファイティング・スピリットの国だ。必ず勝つことを信じて、戦うことが大事だ」と檄《げき》を飛ばすのでしたが、「お金がないのは首のないのと同じ」のこの国の裁判で、弁護士のいう通りにファイティング・ポーズを続ければ、果たしてこれから先、どのくらいのお金が必要になるのか、と沈む心をおさえることができませんでした。

ある日、通訳の女性が「もうこの辺で、司法取引をした方がいいかもしれませんね」とポツリと呟きました。「司法取引」とは聞き慣れない言葉でした。

第3章 SEXでは負けない、というプライド

人気の専属女優様と限りないエクスタシーの瞬間

「どういうことでしょう」とそのベテランの法廷通訳の女性に質すと、「米国では監督さんのような被害者のいないケースでは、もっぱら〝罪を認めて罰金を払うことで解決〟している」とのことでした。

日本にはない、その「司法取引」の制度を聞き、「早くいってよ」の心境でした。

金で解決できるならこんな好都合はありません。このまま裁判を続けて、日本ではありえないような高額な弁護士費用を払うより、余程手っ取り早く合理的だと考えたのです。

早速、担当弁護士に「〝司法取引〟で解決したい」旨を連絡しました。弁護士は「必ず勝てるから、ここで後に退くべきではない」との意見でした。が、最早精神的にも金銭的にも、これ以上裁判を続けていく余裕がありませんでした。

そして2800万円の罰金での「司法取引」が成立したのです。

039 これからの人生で、根性の違うところを見せてやろうと心に誓った、あの日

アメリカの連邦大法廷での裁判を「司法取引」でピリオドを打ちました。その結果2800万円の罰金を払うことになりましたが、370年もの間アメリカに留め置かれることを考えたら、何ほどの痛痒も感じませんでした。

日本では黒木香嬢の「SMぽいの好き」のビデオが飛ぶように売れ、毎月数億円単位のお金が入ってきていたからです。が、どうしても譲れないことがありました。道連れになって逮捕され、同じく裁判を受けることになった15人のスタッフの処遇です。私を信じてただ付いてきただけの彼等が罰を受けることは、どうしても避けなければなりませんでした。

異国の空の下とはいえ、同じような前科者にするわけにはいかないと考えていました。弁護士団にはその決意を伝え、「自分は罪を認め司法取引に応じるのだから、代わりにスタッフ15人は無罪放免にしてほしい」と訴えたのです。

「メキシコからの不法入国滞在者が逮捕されても強制送還されるだけなのに、こちらは2800万円の高額な罰金を気前よく払うのだから忖度《そんたく》があって然るべきだろう」とネジ込んだのです。その条件で取引が成立するなら、保釈金として積んである約500万円をそのままボーナスとして弁護団に支払う旨も伝えました。

お国は違っても、お金に勝る「誠意」はありません。弁護士団はよろしく私の考えを理解し、検察当局との交渉を重ね、15人のスタッフはこちらの意向通りに、お咎《とが》めなしの無罪放免となりました。

私は「FOREVER（永久に）」二度と米国の土を踏むことができなくなりましたが、スタッフ15名はこれまで通りに、来たい時には自由にハワイや米国本土に入国できるようになったのでした。

「FOREVER」との宣告を受けても少しも悲しくありませんでした。こんな新宿の高層ビル街にビーチをくっつけたような下卑た場所に、誰が二度と来るものか、と嫌悪感を抱いていたからです。

スタッフは無罪の判決が出ると同時に、すぐ日本に帰って行きました。私は弁護士やお世話になった人たちへのご挨拶を済ませ、3日遅れの帰国となりました。ホノルルの飛行場まではイミグレーションの係官とホノルル市警の警察官が見届けに、飛行機に乗るまで付いてきました。

機内で隣り合わせた紳士に「お仕事ですか?」と尋ねられました。「裁判で370年の懲役を求刑されていたんです」と答えると、目を丸くしていました。

日本に戻ったその夜、テレビをつけるとニュース番組で久米宏さまが私のことを取り上げ「2800万円という、日本人としては史上最高額の罰金を払って帰国しましたが、そんな大金を払うぐらいならもう少し米国におられた方がよかったのでは」とお世話を焼いてくださっていました。

040 わかりました、と引き下がることは生きるのをやめること。簡単に諦めるわけにはいきません

ハワイから帰国して、事務所で留守を守ってくれていたスタッフと再会の喜びに浸っていると、扉がスッと開き、その向こうに黒木香嬢の姿がありました。一足先に帰る彼女をハワイで見送ってから約9カ月ぶりの再会です。

彼女は肩でハアハアと息をしています。帰ったことを知って仕事先のテレビ局から車に飛び乗り、私のいる事務所の2階まで駆け上がって来たせいなのでした。彼女の目にはいっぱいの涙が見えます。

「監督さん、お久しぶりです」といいながら、彼女は傍目も憚《はばか》らず、私の胸に飛び込んできたのです。

「よかった、本当によかったです」と涙声で呟く黒木香嬢を抱きとめながら、日本に戻れたことの幸福を改めて感じていました。これからは彼女とともに、一か

らやり直すことができると思うと勇気が湧いてきたのです。

が、肝心なところに亀裂が入りました。パートナーだったN氏と、帰国後、うまくいかなくなったのです。N氏は私を避けるようになりました。最後は電話にも出ず、手紙でやりとりをするようになったのです。

N氏の心変わりの理由はよくわかっていました。このまま付き合っていたら、今度はどんな災難に巻き込まれるかもしれないと、恐怖心を抱くようになっていたのです。潮時でした。初恋の人でもあるまいし、手紙でしか話し合えなくなっては、もうおしまいだ、と諦めたのです。

その心づもりを、専属女優だった黒木香嬢や沙羅樹嬢、スタッフに伝えると一緒に付いて行きたい、といってくれました。

この際、思い切って独立することにしました。すべての権利をN氏に譲り渡し、裸一貫で会社を出ることにしたのです。それが流儀でした。

そんな時に偶然ビニ本時代からの古い付き合いの弁護士から電話がありました。

「アメリカでは大変だったね」とH弁護士は労いの言葉をかけてくださったので

す。そして「これからどうするの?」と尋ねてきたのです。「独立しようと思っているんです。でも資金がないから途方に暮れています」と愚痴を口にしました。するとH弁護士は「いくらぐらい必要なの?」と聞いてきたのです。「1億円ぐらいあればいいんですけれどね」と答えると、H弁護士は「それだったら、僕がそのお金を用立ててあげるよ」といったのです。信じられませんでした。まさか、と思いましたが、H弁護士は嘘を口にする人ではありません。渡りに船、とばかりに、「お願いします」とH弁護士に甘えることにしたのです。

人生は瞬間の積み重ね、といいますが、あの瞬間がなかったら、と今でもH弁護士への恩を忘れることはありません。

その1億円を元手に、瞬く間に業界No.1の100億円企業を作り上げることができたのですから。

第4章

光は闇に輝いている、闇は光に勝てなかったを地でいく男の物語

041

「限界」などどこにあるのでしょう。すべて自分が勝手に決めてしまった「限界」です

米国で「お金がすべて」の弁護士をパートナーに裁判を戦ってきた身には、H弁護士の「1億円という大金を融通してくださる」という話は、青天の霹靂《へきれき》というがごとき驚きでした。それまでは弁護士にお金を払うことがあっても、工面してもらおうなどと考えたこともなかったからです。

H弁護士とはビニ本稼業に手を染めた5年程前からの付き合いでした。全国に日本最大の160店舗ほどのビニ本販売のネットワークを持っていましたので、警察当局に検挙されるという「事件」は日常茶飯事でした。

日本のどこかで取引先が逮捕されるという事態に陥った時は、東京から急遽、H弁護士を現地に派遣し弁護活動にあたっていただきました。まだ「ワイセツ」とは何か？「ビニ本の違法性とは何か？」が明確に定まっていなかった時代です。専門家となったH弁護士が弁護活動を行うことで、効果的な弁護ができたので

第4章 光は闇に輝いている、闇は光に勝てなかったを地でいく男の物語

沖縄にて無人島だと思って撮影していたら米軍の射撃場と知り、途方に暮れたとき

ございます。H弁護士は優秀でした。一般的には執行猶予の刑を受けた後に再び犯罪を犯すと「実刑」になるというのが相場でした。しかしH弁護士は執行猶予中にもかかわらず再び逮捕された「取引先の仲間」に、またしても執行猶予をとるという離れ業をやってみせたのです。俗にいう「W執行猶予」というやつでした。H弁護士のお陰で、何十人もの仲間が、高い塀の中でオットメすることから免れたのです。

H弁護士の「実力」をまざまざと知らされた「事件」がありました。知人のそのまた知人の男が歌舞伎町で殺人事件を起こしました。コンビニにいた他の客といい争いになり、倒した相手に、コンビニ前に置いてあったコンクリートブロックを上から投げ落として頭部を潰し、殺害したという凄惨な事件でした。

知人のたっての願いを聞き入れ、H弁護士を紹介しました。すると裁判を担当したH弁護士はなんと加害者であった被告を「酒に泥酔した挙句の心身喪失ゆえの事故である」と「殺人」に関して無罪を勝ち取ったのです。この世には「法の番人の魔術師がいる」と心の底から震撼した貴重な体験となりました。

北海道で指名手配を受け、6カ月の後に逮捕された折にも、H弁護士に連絡をとりました。無一文となった身ではH弁護士しか頼る人間がいなかったのです。H弁護士は東京からはるばる札幌まで駆け付けてくれました。警察の留置場の面会室にいると「やあ、お久しぶりです」とニコニコ顔のH弁護士が姿を現しました。「大丈夫ですよ、心配いりません。事情はわかっています。今までお世話になりましたから、今回は手弁当でやらせていただきます」とH弁護士は笑顔で話されたのです。

それから以後5度、H弁護士のお世話になることになるのでしたが、H弁護士はいつも開口一番「大丈夫です」といって笑顔で登場なされるのでした。

042

これ以上は駄目だ、と思っていてもいつかは慣れるのだ。耐えられるレベルが広がる、ありがたい。だからヘコタレなくていいんだ、頑張れ

拘置所や警察の留置場に収監されている容疑者は、行く末を案じ悶々としています。あの狭い場所に捕われ人となっていると、すべてが悪いようにしか考えられなくなるのです。そんな時現れるH弁護士の、笑顔での「大丈夫ですよ、心配ありません」の力強い言葉に「地獄に仏」とはこのことかとどれほど救われたかしれません。

弁護士や医者の中には自分を誇示せんがために、わざと眉間にシワを寄せて依頼者を動揺させる人でなしが少なくありませんが、H弁護士はそうした小細工とは無縁な人でした。優秀な彼はそれまでの常識ではありえない、依頼人に有利な判決を勝ち取る能力を持っていました。

しかし、さしものH弁護士でもお手上げとなった仲間の罪人《つみびと》がいました。男は

通称「金ちゃん」と呼ばれていました。「金ちゃん」とは江戸時代に名奉行として知られる遠山の金さんからきています。一杯酒が入ると途端に豹変し、モロ肌脱いで「矢でも鉄砲でも持ってこい」と勇ましくなるクセがある男でした。

その「金ちゃん」がある日、一杯機嫌となった勢いで車を運転し、あろうことか都心のS警察署に突入したのでございます。突入したばかりか、酒の勢いを借りて警察署内に乱入し、「文句あるか、あるなら署長よ、出てこい」とタンカを切ったのです。

たちどころに警察官に囲まれて御用となったのですが、拘留期限の20日を過ぎても保釈されることはありませんでした。50日を過ぎても自由の身となることができない「金ちゃん」をなんとかしようとH弁護士に同行していただき、S警察署に行きました。

応対していただいた担当刑事は「まだ保釈はできない」と頑なでした。H弁護士が引き下がることなく「起訴されたのだから保釈要件を満たしている筈だ」と食い下がると、担当刑事は「〝我がS警察署は戦後此《こ》の方、殴り込みを受けたことはない。そのたった一人の罪人を簡単に釈放してはメンツが立たない〃と署長が頑として首を縦に振らないのだ」といい放たれたのでございます。

あまりの担当刑事の激昂ぶりに、さすがのH弁護士も口をあんぐりとさせ、成す術もなく沈黙するしかありませんでした。それからしばらくして、逮捕されてから80日ほど経った頃、粘り強いH弁護士の交渉の甲斐あって、ようやく「金ちゃん」は釈放されたのでございます。

釈放されたその日の晩、H弁護士を招き祝宴を開きました。「金ちゃん」はH弁護士に平身低頭しながらお礼の言葉を述べ、乾杯となりました。

ところが、グイとビールの中ジョッキを空けた途端、「金ちゃん」が、大恩あるH弁護士に向かい、「アンタ、随分と長い間オレを留置場に入れてくれたな」と吠えたのです。

目は完全に据わっていて、いつもの「金ちゃん」が全開になっていたのでございます。

043 人間の願望で最も強いものは、金や地位もそうでしょうが、まずは「他人に認めてもらいたい」なんですね

酒乱の金ちゃんは普段は大人しい男でした。大人しいというよりニコニコと愛嬌たっぷりで、細かなところにも気が付く、気遣いの男です。そうした抑圧した生活を送っていたことで欲求不満がたまり、酒を飲むとその力を借りて豹変し、爆発するのでした。

猫をかぶっている男ほどいざとなると危険だ、は金ちゃんから学んだ教訓でしたが、もう一人、「かぶっていた」ために信頼するH弁護士を手こずらせた男がいました。

男はビニ本店や古本屋にご禁制の「裏本」を卸して歩く、通称「カバン屋」といわれる仕事をしていました。南関東を縄張りとして大きな商売をしていて、私の大得意先の一人でもあったのです。

ある日、相棒であった女房ドノが息せき切って事務所に駆け込んできました。「亭主が卸し先のビニ本店で捕まった、どうしよう」というのです。女房ドノは30歳の亭主より一回り上の姉さん女房でした。前夫との間に生まれた20歳の息子と3人で「カバン屋」をやっていた女丈夫でございます。

亭主がビニ本店で商売をしている間、乗っていた車にガソリンを給油して戻ると、件のビニ本店の前にパトカーが数台停まっていて、大捕り物の真っ最中となっていた、との経緯《いきさつ》でした。

女房ドノに「とりあえず警察に下着の差し入れをしに行ってみたら? そうすれば亭主の様子がわかる筈だ」とアドバイスをしました。

2日後、女房ドノは悄然として姿を現しました。下着を届けに行って面会を申し込んだら、亭主に「会いたくない」と断られたというのです。女房ドノは「どうして私に会ってくれないのだ、そんなに私のことが嫌いだったのだろうか」と「愛」に疑いを持ちはじめていました。そして「ひょっとしたら私のことを共犯だとゲロっているのでは」との疑心暗鬼の捕われ人にもなっていたのです。

H弁護士に面会に行ってもらいました。本職の弁護士なら面会が叶う筈だと考えたのです。が、男はH弁護士との面会も拒絶したのです。忙しいさなかをわざわざ2時間かけ、神奈川の田舎町の警察まで出向いていただいたのにと、面目がありませんでした。

警察のネットワークを持っていました。そのネットワークを使い、男がどうして面会を拒んでいるかの探りを入れると、意外な真実がわかりました。

男はカツラをかぶっていて、自分の「ハゲ」がバレるくらいなら死んだ方がマシだと、頑なに面会を拒んでいたのです。男が逮捕されてから1週間、何もノドを通らずゲッソリしていた女房ドノにそのことを伝えました。

すると女房ドノは急に激昂し、「あの男がハゲなのは、出会ったその日からわかっていたわよ。2キロ先からでもハッキリとわかるカツラをかぶっていたんだから」と涙を流しながら口汚く男を罵るその目には涙が浮かんでいました。

その涙は失うことなく愛を取り戻すことができた、年上女房の安堵の涙でした。

044 逆境もまたよし

頻繁に警察のお世話となり、留置場への出入りが激しかった頃のお話です。隣の留置場に女性が入ってきました。今と違って、昔は隣同士の檻をスレートのボードで仕切り、そこに女性の留置人を入れていました。

ある日その檻に女性が入ってきました。齢の頃なら35、36の色香漂う「いい女」です。留置場には10ほどの檻があり、そこの住人の悪漢諸氏は色めき立ちました。スレンダーなボディにミニスカートの白い上下のスーツを着た、若尾文子さまを彷彿させる美形のお顔になんともソソられたのでした。

彼女が入った房は隣の檻でした。鉄格子の仕切り越しに、何の種類の香水か知れませんが、甘い香りがこちらの房まで漂ってきました。指呼の間にヌメるような白い肌をした彼女がいると思うだけで、股間の放蕩息子が性懲りもなく暴れたのです。

その時の檻には自分だけでしたので、看守の目を盗んでは真夜中に彼女とのコトを妄想して何度も果てたのでございます。数日過ぎて、彼女がどんな罪で逮捕されてきたのかがわかりました。

罪は「結婚詐欺」でした。それも北関東では知られた女詐欺師であったのです。隣所帯のよしみでいつか自然と彼女と口をきくようになりました。ある時、彼女に結婚詐欺をして巻き上げた金をどんな男に入れあげているのか、と尋ねました。すると彼女は「ハゲでチビでデブで顔はブ男、サネブラシの口髭が生えている、そんな男に貢いでいる」というのでした。

意外でした。金も学歴も申し分ない二枚目の色男、との答えが返ってくるとばかり思っていたからです。

彼女は言葉を続けました。「ハンサムな男なんて少しもよくないわよ。自分に自信があるから、アッチの方も自分勝手で少しでも女を気持ちよくさせようというサービス精神に欠けているのよ。その点、ハゲでチビでデブで顔がブ男はいいわよ。自分のことは後回しにして、相手に尽くし抜いて気持ちよくさせないと、嫌われて相手にされなくなることがわかっているから、バター犬のように一生懸命頑張ってくれるのよ。股間に顔を埋め、舐め上がった湯気で、部屋のガラスが曇ってしまうぐらいに、ね。だから私はハゲでチビでデブなブ男を見ると、ヨダレが出るのよ」と宣うのでした。

人間とは外見からではわからないものです。虫も殺さぬどころか良家の若奥様然としている彼女なのでしたが、一皮剝けば性に貪欲な手練れの淫乱、なのでした。

「女はね、体中を2時間から3時間舐めまわして、腰が天井につくほどのエクスタシーに酔わせてくれる男を一人前の男として認めるのよ」との彼女のアドバイスが今でも耳に残っています。

ハゲでもチビでもデブでもブ男でもない読者諸兄には、そんなことをしたらなんとも精魂尽き果てる話、なのでございました。

045 捨て身で挑んでこそ拾う神が現れます

私より一回り年下の男のこれまでの人生は、好きな博打がアダとなり、女房子供に逃げられた悲惨なものでした。ヤクザの競馬のノミ屋に金を払えなくなり、とどのつまりは体で払えと拉致され、企業舎弟が所有する東北の山奥の温泉ホテルで掃除夫として働くことになりました。

そのホテルに隣接して系列の老人ホームがあり、男はその老人ホームの中を掛け持ちで掃除夫として働きました。老人ホームに通っているうちに入居の老人たちと親しく触れ合い「仏心」が生まれました。あのお年寄りたちになんとか生き甲斐を与えられないものか、と考えはじめたのです。

老人たちの顔が子供の頃死別した父と母の面影に重なって見えました。博打以外に何の取り柄もない男でしたが、ただひとつ好きで得意とするものがありました。「歌」です。演歌なら古今東西の歌を1000曲を超えるほどに歌詞を間違えることなく歌えました。その声も、低音と高音の響きが心地よく、また歌声がよく伸びて、自称「七色の声」もまんざら嘘とは思えないほどに「お上手」なのです。

　それは聞く者の誰もがウットリするほどに、類まれなる歌唱力でした。男は日がな一日、何もすることなく、ただぼんやり過ごしているお年寄りたちに、自慢の歌で楽しんでいただくことを考え、早速、東京の親分に電話を入れて自分にギターを一つ買ってくれないかと頼み込みました。お年寄りたちに歌を歌って聞かせることで元気になってもらえれば、老人ホーム側にとっても損な話ではないと持ち掛けたのです。

　70過ぎた親分は人情家でした。それはいいアイディアだと二つ返事で承諾し、結構な額のギターを買ってくれたのです。

　そのギターを弾きながら、毎晩の「弾き語り」が老人ホームでの男の日課となりました。男の奏でる歌とギターが夜毎、老人ホームの食堂に流れるようになり、やがては収容されている老人ばかりでなく、面会に訪れた家族や職員たちも男の歌に酔いしれるようになったのです。

老人ホームの実情は寂しいものです。ほとんどの入居者が何らかの病気を患い、家族に見放され何年も面会に来る人とてない、ただ死の瞬間を待つだけの、生きる屍の日々を送っているのでした。男は暗闇を照らす一条の光となりました。

そのうち老人たちの間から、「自分たちも先生のように歌を上手に歌えるようになりたい」との声が上がりました。博打うちの落ち武者がいつか「先生」と呼ばれる立場になっていたのです。自分たちも歌を歌いたい、との老人たちのヤル気と希望を耳にした、情け深い親分は、「カラオケセット」をプレゼントしました。そのカラオケセットが届いた翌日から、毎夕、男による「歌謡曲教室」が開催されることになったのでしたが、このことが男に巨万の富をもたらすことになったのです。

046
感動はSEXと同じ、互いに分かち合う心から生まれます

老人ホームで男が主催する歌謡教室がスタートすると、老人たちは人生を取り戻そうとするかのように嬉々として元気一杯に歌い合いました。楽しい笑い声が食堂に設けられたカラオケルームに満ちるようになり「人生最後の桃源郷」、そんなふうに思える空間がそこに出現しました。

春、夏、秋、冬、の年に4回カラオケ大会が開かれ、150人の入居老人の6割が参加するようになったのです。賞品は実質経営者の親分が差し入れた枕や手鏡、セーターやジャージの上下、飴やチョコレートと金額的にはしれたものでしたが、老人たちは競うようにして歌い声を張り上げ、大会は大いに盛り上がったのです。老衰が進んでカラオケ教室に出向くことができなくなった老人がいると、男はその老人の部屋を訪ね、枕元で歌いました。ギター片手に老人のリクエストを聞き、老人が満足して静かな眠りに就くまで何曲も飽くことなく歌い続けたの

です。

「九段の母」「王将」「北の宿から」「兄弟船」「津軽海峡冬景色」のヒット曲の数々の歌詞に出てくる人名を老人の名前に変え、老人の人生になぞった詞に直して歌いました。この世にたった一つだけの老人の「人生の賛歌」が部屋に響き渡ったのです。

人は、死に直面した時、「果たして自分の人生に意味があったか」と思い煩います。そうした修羅の刻を生きる老人の枕元に「あなたの人生は素晴らしかった。あなたを決して忘れません」と男の歌声が神の恩寵のごとくに降り注いだのです。

手取り8万円の給料だった男は、次第に豊かになっていきました。腕時計は3千円のディズニーのモノからいつか金無垢のロレックスに変わり、洋服はアルマーニの50万円のスーツ、靴もイタリア製の最高級のモノを履くようになっていました。そして首からも24金の太いネックレスがぶらさがり、車は国産の最高クラスの新車です。

彼の豪勢な生活を支えた資金源は、亡くなっていった老人たちでした。毎月2、

3人の老人が亡くなられていきました。その自らの死期を悟った老人たちが「今までのお礼に」と男に感謝を込めて、子供や孫に内緒に隠していたダイヤの指輪や高価な貴金属、現金や預金通帳までプレゼントしてくれたのです。中には土地の権利書まで男に手渡した老人もいました。

男が豊かになっていくことを親分や施設の人間は咎めだてすることはありませんでした。男が懸命に老人たちに尽くしている姿を見続けて、老人たちのスターである男には相応しい見返りだと納得していたのです。

久しぶりに会った男の「歌手デビューに挑戦してみる。本物の歌手に教えられたら、今まで以上におじいちゃん、おばあちゃんに喜んでもらえるから」といい放ったその目は、驚くほど澄んでいました。

047 死のうと思ったことは1000回ぐらいあります

警察の留置場には様々な悪漢諸氏が、捕われてやってきます。意外に思われるかもしれませんが、中でも多いのはドロボー氏です。現代においてもまだ「浜の真砂は尽きるとも」なのでございます。

次から次へとやって来るドロボー氏を見て「娑婆に出たら相当に用心しなければならない」とフンドシを締めなおしたものです。が、ドロボー氏はドロボーなりにプライドを持っているのでした。彼らが好んで口にする戯れ唄に「粋なチャリンコ、小粋なノビ、強盗強姦バカがする」があります。悪事を働くのは楽をしていい思いをしたいからで、一歩間違えば長き懲役にいかなければならない強盗や強姦などは愚か者の所業だ、というワケです。

同じ犯罪者でも自分たちには「節操」というものがある、との「屁理屈」でございます。私の房にその「バカがする」強盗をやらかした男が入ってきたことがありました。男は「強盗」のみならず「殺人」まで犯していました。

人気の流行歌手に似たヤサ男で、「極刑」となるような凶悪な犯罪を犯したワルには見えませんでした。身長は175センチほどで、体形は筋肉質です。男が問わず語らずに語った事件のあらましは次のようなものです。

男はただの空き巣狙いのドロボーでした。ある時いつものように誰もいないと思って入った家の中で物色していると、背後に人の気配がありました。振り向くと、そこにその家の主人の、恐怖に引きつった顔があったのです。

男は柔道2段の心得がありました。驚く主人に飛びかかり、得意の足払いでその場に組み伏せ、声を上げないようにと首を絞めました。苦しそうにもがいていた主人は程なくして「落ち」て、静かになったのです。男は主人が「落ち」ている間に、家の中の金目の物を探し出し、目的を遂げた後は気絶している主人の背後に回って「喝」を入れ、息を吹き返すのを見届けて退散しました。

この成功体験で味をしめた男は、深夜盗みに入ると、寝入っている家人をわざわざ揺り起こして金目の物のありかを聞き出し、その後「落とす」といった手口でドロボー稼業を繰り返したのです。

20件目を超えた頃でした。家の主から金目の物のありかを聞き出し、「落とそう」としていた時でした。隣の暗闇の部屋の中に人が動くのを発見しました。まずい、と焦った男はつい、いつもより手に強く力を込めてしまいました。

そのために被害者の男性は運の悪いことに絶命してしまったのです。男は慌てて逃走しました。ポケットの中には被害者が枕元に置いていたタバコが1箱入っていました。このタバコ1箱が命取りとなり、男は立派な「強盗殺人犯」となったのです。

男は「死刑」になるかも、と怯えていました。

1年後、男の消息を新聞で知りました。男は「死刑」を求刑されていましたが、判決は「無期懲役」で、命は救われたのでした。

048

どんなことからも学べるのでございます

留置場や拘置所では捕らわれし罪人たちは、「逮捕された以上は仕方がない」と、思いのほかサバサバとしています。意外と往生際が悪くジタバタしているのは任侠道の人たちでございます。特に組のために犠牲となって犯した犯罪ならまだしも、私事で罪を犯した方々は「どうしよう」と見苦しいまでに罪の軽減を願っては、あの手この手を考え、頭を抱えられているのでした。

比べて本物の「人殺し」は堂々としたものです。どういう経緯にせよ、人を殺してしまったのだから、この先どんな罰を科せられても仕方がないと腹をくくっているのでした。それでも殺した相手が夢枕に出てくるのでしょうか、夜中にうなされて呻《うめ》き声を上げる、といったこともありました。

内縁の女房と共に石油をかぶって心中を図ったけれど、自分だけ助かった、という30男がいました。この男は自分も上半身にかなりの火傷を負って病院に運ばれた後、治療の甲斐あって回復し、調べを受けるため留置場にやって来て同房となりました。

本人は女房だけを先にあの世に送ってしまったことを悔いて涙を流していました。気の毒に、と同情しました。この男、深夜になると叫び声を上げて飛び起きるのでした。額には汗がビッシリと浮き出ています。息もハアハアと乱れている男の悲痛な表情を見て、自分だけが生き残ったことへの罪の意識で苦しんでいるのだ、と哀れに思ったものです。

私が釈放されて男の裁判の記事を新聞で見る機会がありました。なんと判決は無期懲役で、真相は心中を偽装した夫による妻殺しの計画殺人だったのです。

留置場の中に捕らわれてくる人間の言葉を鵜呑みにして信用すると、バカを見ることになります。本職はただの下着ドロボーなのに、有名なアパレルチェーンの御曹司を騙《かた》ったりするからです。

同室となったフィリピン男がいました。男は「自分はただの旅行者なのにピストル密輸の嫌疑をかけられている」と嘆きました。フィリピン男の余りの憔悴《しょうすい》ぶりに「何とか異国で密輸の罪を着せられているこのフィリピンの男を救わねば」

との思いに駆られたのです。

房の中で同室となり、朝晩の食事を共にする生活を送ってみれば、「東南アジアの貧しい国からやって来た、田舎者の素朴な男」にしか思われませんでした。釈放されてから差し入れに行きました。

裁判の初公判の見学には私の顧問弁護士を帯同していきました。いざとなればなんとか力になろうと考えたからです。ところが、です。裁判で検察側が明らかにした起訴理由を聞き、ア然としました。男は私には「はじめて日本で逮捕された」といっていましたが、嘘だったのです。10年前にも逮捕された「実績」があり、偽パスポートを持って再来日した、それも「拳銃密輸」に関しては捜査当局にマークされていた大悪党だったのです。

049 人を左右するのは拠り所

日本人の殺人鬼がいました。この男、連続強姦殺人事件の犯人として裁判にかけられ、死刑の判決を受けていました。犯人の男は元消防署の職員だったこともあり、事件は大きく報道され、日本中に衝撃を与えたのです。

男は一審で死刑の判決を受けましたが、強姦の罪に関しては「無罪」を主張し控訴しました。有罪の証拠が揃っていながら、何を今更命乞いをしての控訴なのかと世間は往生際の悪い男に冷たい視線を向けたのです。

その男からある日、私宛てに手紙が届きました。

監督なら私の無罪を信じてくれるはずだ、とその男の思いが分厚い手紙にこもっていたのです。

男は自分の「強姦」の無罪の主張を手紙の中で次のように記していました。

「私は犠牲になった女性たちを殺害したことは認めます。しかし、強姦の罪だけはどうしても受け入れることができないのです。女性たちは私に組み敷かれ、貫かれた時に嗚咽を漏らしました。アアーッという官能のソレです。秘部は間違いなく濡れそぼっていました。〝お願いやめて〟と哀願していながら、言葉とは裏腹に体は正直に反応していたのです。

挿入して抽送《ちゅうそう》を繰り返していると、そのうちに女性たちは堪えきれなくなり、私の体にしがみついてきました。結合部からは大量な愛液をほとばしらせながらです。こうした性行為のどこが「強姦」だというのでしょうか。

中には気をいかせる女性もいたのです。私は殺人犯としては素直にその犯罪を認めていますが、強姦という罪は認めることができません。そんな忌わしい罪が加わり死刑となっては死んでも死にきれない思いです。

性に関してはスペシャリストである監督でしたら、私が申し上げるこの事実をよくご理解いただけて、強姦に関しては無罪との主張に賛同いただけるのではと考え、お手紙を差し上げた次第です」

私はこの強姦殺人魔の男に次のような返事を出しました。「犠牲になった女性たちが気をいかせる反応を見せたり、結合部が愛液に溢れていたとしても、合意だったとの証拠にはなりません。何故ならそれらは、梅干しを見たら口の中が唾液でいっぱいになる、目の前でパチンと両の手を叩かれたら目をつぶると同じように、人間の本能に由来する「条件反射」にすぎないからです。
ハンカチを尻の下に敷いたから和姦だというごとき牽強《けんきょう》付《ふ》会《かい》はおやめなさい」

その後、懲りることなく死刑囚の男から強姦無罪を訴える手紙が幾度となく届きました。盗人にも三分の理、といいますが、忌わしい殺人事件を起こした犯罪者もどこか自己正当化の拠り所を捜していたのです。

050 人生を華とするのも、荒野とするのも、また我慢次第ということなのでございます

これまで国内で6回、米国で1回、の都合7回ほど取締り当局の皆さまにご面倒をかけ、ご厄介になってまいりました。

小学4年生の頃と記憶しています。新聞を見ていると何かの犯罪を犯した男が〝前科5犯である〟、との記事を目にしました。父親に「父ちゃん、この〝前科5犯〟ってどういう人なの?」と尋ねると、父親は苦虫を噛み潰したような顔となり、「〝前科5犯〟なんて、人間じゃないよ」と吐き捨てたのでございます。

歳月を重ねて、気が付けば日米通算前科7犯、の身となっております。あの世で我が父は、この罪深い息子を見て、どんな思いを抱いているでしょうか。朝晩、仏壇の両親の遺影に手を合わせ、ただただ頭を下げる日々です。が、私の救いは、罪を重ねても他人のモノを盗ったり、傷つけたりといった被害者がいないことです。それどころか皆さまのお楽しみに貢献してきた、との密かな自負さえござい

第4章 光は闇に輝いている、闇は光に勝てなかったを地でいく男の物語

いつものお銭頂戴の時は、決して決して顔を伏せることは一度もありませんでした

ます。罰当たりではございますが、正直なところ「反省しろ」とのお叱りを受けても、猿のごときにただ「反省」のポーズをとるだけの罪深き者、でございます。私のようなエロ事師どものように、留置場や拘置所では罪の意識が希薄な人がいます。先頃の沢尻エリカさまのごとくに違法薬物の疑いで捕まった人たちでございます。雑居房の房内で、これらの人たちは「俺はここにいる盗人や人殺しのワルたちとは違うんだよ。誰にも迷惑をかけずにただ自分の身体に〝注射違反〟をして何が悪い」と嘯《うそぶ》くのです。

同房となった極道の方々や盗人や痴漢は「嫌なことをいいやがる」と顔をしかめつつ、肩身の狭い思いを余儀なくされているのでございます。

留置施設で一番大きな顔をして牢名主のごとくになっているのは、前科の多い輩ではなく、こうしたヤク中なのですが、彼らからしても「被害者のいない罪人」の私たちエロ事師には一目置いて「お互い、被害者のいない犯罪で捕まって難儀ですな」と共感を求めてくるのでした。

彼等薬物に汚染された捕われ人で、初めて逮捕されたという人間は稀でございます。過去に何度も何度も逮捕され、長き懲役暮らしを積んできたという「真性ヤク中」ばかりなのです。

同じ房に拘留されていたヤク中の男は、夜中に飛び起きて胡坐をかき、身体を左右に大きく揺する動作をしました。「どうしたの？」と声をかけると「弓矢がこっちに向かって飛んでくるのをよけているんだ」と脂汗を流して必死の形相でした。クスリが切れたための幻覚症状に襲われたのです。

別のヤク中の男は差し入れられたジャージの襟元に仕込まれた細いストロー状の覚せい剤入りの紙を取り出し、口に入れて陶然とするのでした。

一生台無しにするのは、運などというものではなく人間自身だ、を物語る一幕でした。

051

絶望を口にする資格は俺にはないんだから

フィリピンといえば、三十数年ほど前のことです。マニラ近郊にある旧モンテンルパ刑務所に収容されていた日本人死刑囚に会いに行ったことがありました。米国での命懸けの裁判を経て、無事帰国できてからのことです。日本に戻りしばらくしてフィリピンに行った折に、その刑務所に日本人の死刑囚がいることを知ったのです。

死刑囚といっても、その頃のフィリピンでは執行は禁止されていましたので、判決が出たからといって即座に刑を執行されるという状況ではありませんでした。が、異国の空の下で4度死んでようやく故国の土を踏めるような370年という懲役を求刑された身では、とても他人事には思われなかったのです。現地の事情通の日本人の話では「容疑」は「拳銃の密輸」ということでした。

人を殺した訳でもないのに「死刑」とはなんとも気の毒に思われました。一度その日本人の死刑囚に会って事情を聞き、同胞として力になれるものならと考え、面会に行くことにしたのです。

旧モンテンルパ刑務所は、かの山下奉文大将も収容されていた場所でもあります。近くには日本人のB級C級戦犯が死刑を執行された刑場の跡がのこっていました。

そこには記念碑が建てられてあり、誰が供えたのか少し枯れてはいましたが、可憐な花束が添えられてありました。戦後40年も経った今もこうして英霊位を偲ぶ人たちがいることに深い感銘を覚えたのです。ハワイで保釈先の天台宗ハワイ別院のお寺に寄贈された本の中に『モンテンルパの夜明け』という一冊がありました。

終戦後、戦犯となってモンテンルパの刑務所に収容されていた旧日本兵の皆さまの日常を記した本でした。ほとんどがいわれなき罪で濡れ衣を着せられた戦犯の皆さまでしたが、中でも涙を誘ったのはそうした無実の旧日本兵の人々が死刑の宣告を受け、刑場に露と消えていくシーンです。

はるか故国日本の方向をあおぎ見て、「お母さん」と叫んで散っていく最期の場面を読み慟哭《どうこく》しました。

自分も遠くハワイで捕われ人となっていた身では、無実の罪で異国の地で命を奪われていった方々が我がことに思えて、その無念さはどんなだっただろう、と考えるとなんともやりきれない思いがしたのです。

そうしたことがあって、できることならば力になりたいと、日本人死刑囚に面会に行ったのです。白い高い壁がそそり立つ大きな刑務所でした。中には約2000人のフィリピン中から集められた悪党諸氏が収容されていました。面会の許可は簡単に下りました。それも本人が収容されている獄舎まで歩いて行っていいというのです。

やがて、そこは日常的に殺人が行われている危険な場所であることを知るのでした。

052 絶望も希望も自分が決める絶望と希望で、客観的などというものは一つもない

旧モンテンルパ刑務所の中に入ると、収容されている受刑者が数十人集まってきました。警備のために付き添いの刑務官が4人ほどいましたが、受刑者諸氏が放つ妖しい眼光にさらされ、たじろぎました。ハワイの拘置所では味わったことのない得体の知れない不気味さが漂っていたからです。

当時お付き合いをしていたテレビで活躍していたアイドルも帯同していました。好奇心旺盛の彼女から、「どうしても行ってみたい」とリクエストがあったからです。

刑務所の中を日本人の死刑囚がいる房へと向かう中、彼女を連れて来たことを後悔していました。周りを取り巻く受刑者の数が増え、100人近くになっていました。もしこの状況下で暴動でも起きたなら、彼女はたちまちのうちに餌食となり、自分も生きてこの刑務所の外に出ることはできないのでは、との恐怖感を

覚えたのです。

隣を歩く体格のいい刑務官を見ると、彼にはそうした危険を感じている素振りは全く見えません。それどころか受刑者の何人かと親しく会話をしています。恋人のアイドルは上半身に薄いTシャツを着て、下は太腿まで露わなミニスカートを穿《は》いていました。本人は人気稼業のアイドルに見られる自己顕示欲の塊のような性格の持ち主で、受刑者たちの好奇の目にさらされても「自分への人気」と理解し、心地良さそうでした。

緊張と、空からギラギラと照らし続ける日射しの暑さで全身が汗まみれとなっていました。刑務官は長屋風の房の前に着くと、扉を開けて中の住人に何やら大きな声をかけました。扉には鍵はかかっていませんでした。刑務官は「お前の日本人の友達はこの中にいるから、ここで待っていろ」といい放ちました。

友達ではないのですが、面会の書類には「友人」と書いていました。中の部屋を外から覗いてもどんなふうになっているかがサッパリわからないほどに灯りもない、暗い部屋でした。

30秒ほど待ったような気がします。暗闇の中から突然「ヌーッ」と人の顔が現れました。面会に来る前に現地の新聞の記事で確認していた「死刑囚になった日本人」の男でした。

「あなたが死刑囚になられていると聞いて、お力になれればとやって来ました」と自己紹介をしました。死刑囚となっている日本人の男は、突然の訪問に戸惑いながらも「ありがとうございます」と頭を下げました。

新聞によれば、大量の拳銃密輸の容疑で捕まる前は、日本の然《しか》るべき商社に勤務していたビジネスマン、とありました。

話をしているうちに、彼は常識をわきまえた普通の日本人であることがわかり、心の中でホッとしていました。拳銃密輸に手を染めながら、覚せい剤にでも手を出していて自らもクスリに蝕まれ、性格が破綻している人物だったらどうしようと危惧していたからです。

053
人を軽蔑することは間違っている。必ず自分に返ってくる矢となるから

死刑囚となってフィリピンの刑務所に捕われの身となっている男は、40歳を少し超えた齢でした。顔に薄くのびた髭をたくわえて精気のない顔をしていましたが、目だけは鋭く辺りを窺っています。

果たして目の前にいる男がどんな男なのかと、訝《いぶか》しんでいる気配です。それはそうでしょう。それまで一面識もない見ず知らずの男が突然目の前に現れたのですから、戸惑うのは当然のことでした。

自分はＡＶ監督で、ついこの間まではあなたと同じように異国のアメリカで逮捕され、裁判で３７０年という理不尽な求刑をされたことがあることを説明しました。幸いにも司法取引で帰国することができたけれど、こうして外国で私と同じように捕われ人となっているあなたを知って来ました。何かお役に立つことがあればお役に立ちたい、と率直に話をしたのです。

周囲には目をギラつかせたフィリピン人の囚人たちが30人ほど、日本人死刑囚の男とのやりとりを凝視しています。

死刑囚の男は、「お金が欲しい」と小さな声で呟きました。

このフィリピンの刑務所の中では、お金がなければ外での生活以上に困窮しているのだというのです。食事は支給されるものの、ほとんどがブタの餌レベルの、食べたら確実に腹を壊すシロモノで、自分の金で食料を別に手にいれなければ食中毒にかかって死ぬ運命となるのだ、と苦しい表情で訴えてきました。

手持ちにフィリピンのお金で5万円ほどありました。そのことを伝えると男は、「そのお金は皆の前で渡さないでほしい、後でコッソリ誰にも知られないように渡してください。私がそんな大金を持っていることを知られたら、命が狙われることになるんです」というのです。

5万円の差し入れを貰えることを知って、日本人の死刑囚の男の表情は和みました。最初の時のように警戒するかのような雰囲気はなくなりました。同胞の日本人に久しぶりに会って、心が和んだようです。

「今までどのぐらい、この刑務所の中で暮らしているのか」と尋ねると「もう3年ぐらい経ちます」と死刑囚の男は遠い目をしました。「自分は死刑になるようなことは何もしていないんです。だからこの刑務所から出られるように協力してくれませんか」とすがるような表情を見せました。

一審の裁判で死刑の宣告を受けたものの、上告中であるとのことです。「この国では裁判官をお金でいくらでも買収することができるから、お金さえあれば何とか無罪を勝ち取れるんです」。

死刑囚の男の表情は真剣味を帯びています。

当時フィリピンでは死刑執行自体が論議を呼び、猶予されていました。だから差し迫った命の危険はない筈でしたが、男の差し迫った危機意識の表情の意味をその後知ることになります。刑務所内で暴動が起き、死人が出たのです。

054 運が悪いことは山ほどあった筈だが、気が付かなかっただけ。だから生きているだけでありがたい、運が良い、ということ

フィリピンの旧モンテンルパ刑務所に日本人の死刑囚に面会に行ってから、1週間ほど経って、また会いに行きました。まさに地獄の沙汰も金次第、という修羅の環境に生きるその日本人死刑囚の男性には、今度は少しまとまった金を差し入れてあげよう、との考えでした。

無実を訴える同じ日本人のこの死刑囚の男性に、なんとか力になってやりたい、との思いにも駆られていたのです。

前回と同じように面会の手続きをしようと刑務所の面会受付に行くと、「今日は事情があって刑務所の中には入ることはできない」と断られたのです。そのかわり、面会相手の日本人の死刑囚をこちらの受付事務所まで連れて来てくれる、というのでした。

30分ほど待つと、事務所の中にある面会室に日本人の死刑囚の男がやって来ました。彼は「4日ほど前に刑務所の中で暴動が起き、7、8人の人間が亡くなったから中には入れないんです」と申し訳なさそうな表情です。

同行していた日本人のアイドルは、「エーッ、そんなに沢山の人が死んだの？ 怖い」と場所柄もわきまえない、黄色い悲鳴を上げました。暑ければ暑い、寒ければ寒い、と何でも我慢できずにすぐ言葉に出してしまう、典型的なアイドル気質です。

「中で死んだのは諍《いさか》いを起こした囚人だけではありません。それを止めに入った看守も巻き添えにあって2人死にました」というのでした。

「この前、あなたを私のところに連れて来てくれた背の高い看守がいたでしょう、あの看守も暴動を起こした囚人が投げた手りゅう弾の犠牲になって死んだんです」とのことです。

最初にこの日本人死刑囚のいる場所まで案内してくれた、愛想のいい笑顔を絶やすことなかった大男の看守のことを思い出しました。

そういえば、あの大男の看守の姿はどこにもありません。改めてこの場所が尋常でない所であることを思い知らされ、不気味さに鳥肌が立ちました。「この刑務所での暴動など、少しも珍しい出来事じゃありません、暴動が起きることで刑務所の中の規律が保たれているという面があるんです」。日本人の死刑囚の彼はフィリピンの刑務所事情を静かに語りはじめたのでした。

「この刑務所の中にはフィリピン中から集められた凶悪犯が2000人近く収容されています。しかしそれを管理する職員は予算の関係で100人足らずしかいません。その100人ほどの人数でこの大きな刑務所を24時間管理していくことなど無理な話です。

そこで刑務所は収容されている囚人たちに、外での生活をしていた頃と同じようにグループで集まることを許したのです。今この刑務所の中は3つの大きなギャング団の派閥があります。刑務所当局はその3つの派閥が互いに監視し合い密告する、という監視関係の上に君臨し、2000人もの狂暴な服役囚を管理しているのです」

055

これから起こる恐ろしいことってなんだろう、大概のことは既に経験している。来るなら来い、の裸一貫人間の開き直り

死刑囚の捕われ人となっている日本人の男は、「この刑務所の中で暴動が起き、人が死ぬのはそう珍しくないんです」と事もなげに恐ろしいことを口にするのでした。

「刑務所は囚人同士がいがみ合うのをワザと放置しています。互いに敵と味方にわかれて監視し合っていれば、予算不足で満足に看守を配置できない分を補えると考えているんです。囚人同士が何かあればすぐに密告してきて相手を潰そうとするから、こんな楽なことはありません。この刑務所の中にはフィリピンでは知られた3つのギャング団のグループがあります。外での勢力を刑務所の中に持ち込み、互いに縄張り争いをしています。私はそのうちの一つのグループに所属しています。どこかのグループに所属していないと、すぐ獲物にされ殺されかねな

いので、自衛のためには仕方がありません」

面会室で面会人との間を仕切られた金網越しに目つきの鋭い5、6人のフィリピン人の囚人がこちらの様子を窺っています。彼らの方を見ながら、日本人の死刑囚の男は話を続けました。

「あそこにいる男たちは私の所属しているギャング団の仲間たちです。私がこの面会室に行き帰りするのをボディガードで付いてきてくれているんです。あの男たちは全員、私と同じ死刑囚です。それも札付きの殺人犯ばかりです。1人はミンダナオ島の共産ゲリラです。彼は爆弾テロのスペシャリストで、その仕掛けた爆発物でいっぺんに50人以上を殺したという、共産ゲリラの中でも英雄視されている男なのです。

その隣にいる男も同じ共産ゲリラですが、奴はこちらのルソン島でテロを行い、マシンガンで兵隊や警察官を20人以上殺しています。あとの人間は強盗殺人犯であったり、人殺しを職業としている男たちです。強盗殺人の男は押し入った家の住人を皆殺しにする手口で、マニラ中を震え上がらせた経歴を持っています。人殺しの男は、自分では今まで何人殺したか覚えていないといっていますが、私が見るところ、10人以上殺しているに違いありません。フィリピンではお金さえもらえれば人を殺す人殺しがいくらでもいます。日本円で1万円もやればすぐにでも飛んで行き、頼んだターゲットを仕留めてくれる〝人殺し稼業〟は、掃いて捨てるほどいるんです」と語りながら不気味な笑いを浮かべるのでした。

「これまで表に出ていないだけで、保険をかけた相手を日本人がフィリピンに旅行に連れ出して殺した、というケースを少なくとも4件は知っています」と、死刑囚となった男の穏やかでない話は続くのでした。

056 包容力とは「人生のどんな時にあっても相手の笑顔を願う心」でございます

フィリピンの旧モンテンルパ刑務所の敷地の中に、サッカー場ほどの広い空き地がありました。その空き地では囚人たちの手で畑がつくられ、様々な野菜が栽培されていました。また囚人たちがそれぞれに自炊の鍋やフライパンをコンロの火にかけ、料理するスペースもありました。

支給される僅《わず》かばかりの食料では、命をつなぐことができず、外部の出入り業者から自力で食材を調達し、それを調理して栄養補給をしていたのです。

刑務所の中では食べ物を差し入れに来た囚人たちの家族や仲間が自由に歩き回っていました。余程の無茶をしない限り、刑務所当局は見て見ないフリをしていて、薬物なども横行してさながら自由解放区の様相を呈していました。

中には面会時間が終了する夕方の時間まで囚人たちに体を売って歩く、外からやって来た売春婦の姿もありました。お国柄からゲイの性癖の持ち主も少なくありませんでしたが、こちらの方は差し入れのない貧しい囚人が体を売ることで糊口を凌いでいたのです。

捕われて無実を訴える日本人死刑囚の力になろうと、男に自伝を出版することを提案しました。その自伝を世に出すことで、日本やフィリピンの世論を喚起し、この刑務所から救い出すことを考えたのです。

男の自伝を口述筆記するために、日本から知り合いのベテラン編集者を呼び寄せました。そして死刑囚の男へのインタビューを敢行したのです。男は出版前に前金で「原作料」が入ることを条件に承諾しました。

それから2週間、毎日のように刑務所に通い取材を続けました。

ところが途中でアクシデントが起きました。ベテランの編集者は重度のアルコール中毒で、夜中にホテルの部屋で「宇宙人が襲ってくる」と騒ぎだしたのです。思いもよらないアクシデントでしたが、件《くだん》の編集者によれば、十分に一冊の本にすることができるとのことでしたので、取材を終えることにしました。

初版の3万冊の印税、約400万円は死刑囚の男の望み通りに、日本円の札束をバッグに入れ刑務所で待つ男に渡しました。日本に戻ってから4カ月ほどで男の自伝本『俺は死刑囚だ』を出版しました。衝撃的な本の題名の割には評判は今一つで、さほど部数が伸びませんでした。

二日酔い気分で書いたベテラン編集者の限界であったように思います。

出版した本をマニラ在住の知人の日本人に刑務所の死刑囚の男に届けてもらうと、「感謝します」との達筆で書かれた義理堅い手紙が届きました。

それから1年ほど経ちました。死刑囚の男から「無事に日本に戻ることができました」との連絡が入ったのです。男は手にした約400万円を武器に再審請求で起こした裁判で「無罪」を勝ち取り、見事日本に生還を果たしたのです。

ゴーン被告には爪の垢でも煎じて飲んでほしいほどの、正々堂々の脱出劇でした。

第5章

「いくらでも嘘をつける女性」はいくらでもいる

057 どんな苦しみだって耐えられる、過ぎ去ってしまえばすべて思い出になるから

そのご婦人は、齢の頃は60歳前後でいらっしゃいました。三十数年前のことです。ＡＶメーカーを立ち上げたばかりで資金繰りに窮していました。知人の男が、ならばとスポンサーになるべくそのご婦人を紹介してくれたのです。

一流ホテルのラウンジでお会いしました。30メートル先からもわかるほどに全身に濃い香水をまぶし、身長は１５０センチに足らず、小柄ながら、デップリと太られていて、くびれのラインを消失した寸胴の体形の持ち主であられたのです。

ご婦人はテーブルの上に紙袋を「どうぞ」と差し出されました。中にはお願いしていた3千万円の札束がありました。「返済は1カ月後ですね」と確認され、手渡した手形をブランド物のバッグに投げ入れ、立ち去って行かれたのです。

それから1カ月後、手形の書き換えにご婦人の住む北陸の街へお伺いをいたしました。ご婦人はその街で亡き夫の後を継がれて自動車教習所、タクシー会社や

第5章 「いくらでも嘘をつける女性」はいくらでもいる

パチンコ店などを経営なされておりました。

通されたのは1階がパチンコ店のビルの8階の最上階にあるご婦人の寝室でした。室内は壁からカーテン、ベッドのシーツまでピンクに統一されていました。ご婦人が身に纏《まと》われているネグリジェまでも、です。

ご婦人はオロナミンCを4本出されました。そのうちの1本をご自分が飲み、あとの3本を私に飲めと申されました。1本、2本、と空けると急にゲップが出ました。

オロナミンCは立て続けに飲むと胸ヤケがするのです。ご婦人はジッとこちらを睨んでいます。最後の3本目を必死の思いで飲み干しました。

まだバイアグラのない時代です。

ベッドの上でのご婦人はマグロでした。「売りモノ、買いモノ」の考えの持ち主でサービス精神のカケラもお持ちではありませんでした。必死になってご婦人の足の付け根に喰らい付くと、お手入れ不足のせいのヨーグルトのような粘膜液がタレ流れています。

しかし、ここで舌使いを止めれば、手形の書き換えはままならず、会社が倒産することは目に見えていました。サービス精神を喪失したご婦人は、ただベッドの上で肉の塊となり、トドのように気ままに吠えるのみです。

ベッドの枕元に手形が入っているであろう小さな金庫が見えています。あの時ほどに全身全霊をかけＳＥＸに立ち向かったことはなかった気がします。北陸一の腰を振ったように思うのです。

帰りの汽車の窓から日本海を眺めていると、涙がとめどなく流れて仕方がありませんでした。あれほどの涙で日本海を見たのは、岸壁の母と私ぐらいではなかったではないでしょうか。

そんな「北陸への旅」が月に一度、４カ月ほど続きました。

こんな辛い思いをするのなら、手形を不渡りにしても構わない、と何度自暴自棄になったかしれません。しかし、その「死ぬような思い」がエネルギーの源泉となり、ほどなくしてご婦人に返済を果たすことができました。

まさしく「逆境は〝性交〟（成功）の母」となった、思い出でございます。

058 もっとどうしようもないのが、ここにいるよ

まだ黒電話が主流の頃でした。衣食住をスタッフと共にし、事務所で夜遅くまで仕事をしていました。すると深夜に電話がかかってきて、とると受話器の向こうから「アァッ、アア」と女性の悶《もだ》える声が聞こえてきます。

こうした淫女のアプローチは頻繁でしたので驚くこともなく、「どうしたの、欲しいの?」と優しい言葉をかけました。すると電話の向こうの姫は、「あ〜ん、あ〜ん」と一段と高い嬌声を上げ興奮するのです。こちらの声を聞きながら自慰行為に耽溺《たんでき》しているのは明らかでした。中には悶え声で飽き足らず、「太いんでしょ?」「黒いのかしら」「鉄みたいにカタいの?」といった質問攻勢をかけてくる姫君などもいました。

「当たり前だよ、君の手首くらいに太いんだよ」「黒いよ、石炭みたいに真っ黒だよ」「カタすぎてきっとあなたの体の中で暴れたら、ポッカリ穴のあいた気分になってしまうよ」と先様が歓喜するであろう応接の言葉を添えて応じることも

度々でした。

　こうした欲しがり屋さんの中には、電話だけではなく、直接夜の事務所に訪ねてくる「道場破り感覚」の姫君などもおりました。ＡＶに出演したい、という建前とは別に、本心ではこの機会に「ＡＶの帝王」とやらのスティックを毒味したいとの冒険心に駆られているのでした。

　会ったら当然の如く面接という名のもとで「味見大会」が開かれるものと、勝手に想像を巡らされているのです。

　こうしたアドベンチャーの姫君を相手に深夜の「濃厚接触面接」を行い、中に格別のスグレモノの女性にＡＶにご出演いただいたことも少なくありません。

　ある日の午前2時の丑三つ時でした。30代後半の女性の、これまた突然の訪問を受けました。化粧は少し濃いめでしたが、身につけている洋服や装飾品は一流ブランドのもので、立ち居振る舞いはセレブ女性のソレでした。女優の三田佳子さまによく似た彼女がおもむろに口を開いて「私は何を隠そう、時の政権与党の幹事長の女なのよ」と衝撃の告白をなさったのです。

「幹事長ばかりじゃないのよ、総裁とだって一緒に3Pをしたことがあるの」といい募るのでした。

こうした女性には何をいってもはじまらないことは経験でわかっていました。そこで、「どんなことをシたいの?」と尋ねると「3Pを思う存分楽しみたい、幹事長と総裁の時は中途半端だったから」と宣われたのです。そこでスタッフ2人と3Pを楽しんでいただき、お引き取りいただきました。ケモノのようなヨガリ声を上げ、彼女は最後は失神しました。

それから1カ月ほど経った頃でした。彼女が銀座で「代議士の妻」を語り、無銭飲食を重ねた挙句、逮捕されたことをテレビのニュースで知ったのは……。

059

監督といえば野村だ長嶋だ、黒澤だなんて、片腹痛いというの。監督ならば、村西とおる

彼女の部屋に足を踏み入れました。10畳ほどの広さのワンルームの室内は女の娘らしいピンクの色調で華やかに飾られてありました。彼女の好きな匂いなのでしょう。男心をくすぐる甘い香水の香りが漂っています。部屋の奥にはピンクのカバーがかかったセミダブルサイズのベッドが置かれていました。

彼女に誘われるままに部屋を訪れた以上、そのベッドの上で然《しか》るべき性愛のパフォーマンスを行い、責務を果たして一刻も早く立ち去ることを考えたのです。

彼女から「部屋に遊びに来てほしい」と望まれてから半年ほど経っていました。彼女とは彼女が「処女喪失ビデオ」に出演してからのお付き合いでしたが、撮影が終わった後はビジネスライクに関係を終えたつもりでしたが、ビデオの中とはいえ「処女を捧げた男」への彼女の執心は尋常なものではありませんでした。

1週間に二度、三度、また会ってほしいとの連絡が入ったのです。正直なところ鬱陶《うっとう》しく感じましたが、初めての男への乙女心だろうと優しく接することを心掛けていました。すべては時間が解決する筈と、甘い考えを持っていたのです。が、彼女は諦めませんでした。一度でいいから私の部屋に遊びに来てほしいとせがみ続けたのです。一度きりなら、と心が動きました。それほど惚れているのなら、との浮いた〝男前の〟気分もありました。

そしてその日、お別れのＳＥＸをするつもりで彼女のマンションを訪れたのです。が、目を凝らして室内を見れば、自分が危険な立場に追い込まれていることを知ったのです。壁という壁に、数十本の包丁が突き刺されてあったのです。その包丁の先には、私の事務所に所属する女優たちの雑誌のグラビア写真が突き刺され、壁に貼られていました。

部屋の壁一面が、まるで包丁の密林のような風景になっていたのです。不気味でした。身の危険を感じたのです。振り向けばそこに目から妖しい光を放つ部屋の主人の彼女がいました。数分前、私を部屋に迎え入れた時に見せていた可憐な表情とは打って変わって、何かにとり憑かれ狂ったような形相の彼女の手には長さ30センチほどの出刃包丁が握られていたのです。

それを目撃した瞬間「ギャア」と声にならない声を上げると同時に出口の扉に向かい、一目散に駆け出していました。背中で「キーイ」という彼女の奇声が上がり、何かが肩をかすめた感触がありました。包丁の先であることは間違いありません。空を飛ぶように、とはあの時の懸命な自分の体の動きをいうのでしょう。素早い足の運びは確実に100メートルを人類初の9秒を切るほどのものではなかったでしょうか。

しばらく外を走り、上着を脱いで見ると、肩口の部位がスパッと切り裂かれていたのです。

060 自らを信頼しないと他人を信頼できないのが信頼の心

目の前に2人の女性が座っていました。1人は4カ月ほど前に撮影した女性で、もう1人はよく顔の似た姉のような年頃の女性でした。年上の方の女性が「監督さんには妹がお詫びもしようもないことをしてしまって、お許しください」と頭を下げられたのです。突然の訪問で「お詫びのしようもないこと」といわれても何のことかサッパリ合点がいきません。

妹の方とはAV撮影をして関係を結んでいましたが、姉の女性とはその日が初対面だったからです。「ご存じないかと思いますが、妹はまだ17歳になったばかりの未成年なんです、なのに私の身分証明証と高校の卒業アルバムを勝手に持ち出し、自分は23歳だと偽って監督さんのAVに出演したというんです。それを知った時はなんという大それたことをしてくれたのだろうと驚き妹を叱りましたが、取り敢えず監督さんにご迷惑をおかけするわけにはいかないと考えて、こうして妹を連れてお詫びにお伺いしました。ゴメンナサイ」と姉は涙を拭うのでした。

泣きたいのはこちらの方でした。作品は既に1カ月前に発売されています。今更発売中止にしても、全国に出荷された数千本のビデオを回収する手立てはありません。未成年の女子をAVで撮影したとなれば、たとえ騙されたといえ刑罰は免れないのが日本の法律です。騙した本人はお咎めなし、という何とも理不尽な法律ですが、そうした法律がある以上、「騙された」では罷《まか》り通らないことはハッキリしていました。

あまりのショックで目の前がグルリと回転するかのように見えました。言葉に置き換えて表現できないとはあの時の衝撃のことをいうのではないでしょうか。これで監督生命は断たれた、と観念しながらも、ズルズルズルと足元から地の底に体が沈んでいくような恐怖に襲われ、心の中で悲鳴を上げていました。と、姉は私をなだめるように、「このことは私と妹しか知りませんから、秘密にすることが皆のために一番だと思うんです」と提案してきたのです。

傍でそれまで殊勝にうな垂れていた妹も、姉に同意し大きく頷きました。頷い

第5章 「いくらでも嘘をつける女性」は いくらでもいる

警視庁の皆さまに連行されし晴れの門出の時に、アサヒ芸能の編集長に言われて取ったナイスポーズ

ている立場じゃないだろう、と張り倒してやりたい衝動に駆られましたが、短気は損気と思いとどまったのです。

かくて2人の姉妹に口止め料として、その場で500万円を支払い、お引き取りいただいたのです。

それから2カ月後、刑事が逮捕状を持ってやって来ました。なぜ露見したかというと、姉妹のバックに最初から絵を描いた業界の事情通の男がいたのです。姉妹と男は私から巻き上げた金の取り分で揉《も》め、裏切られた男が警察に通報し、私が逮捕の憂き目に遭ったというわけです。

それにしても、あれは何だったのかと不思議なことがあります。逮捕されたあの日の早朝、別の企画で連載していたアサヒ芸能の編集長が突然カメラを構えて現れ、「ピースのポーズ」を私に要求してきたのです。

情報をイチ早く仕入れ、連載者に破廉恥なポーズを取らせたその根性に恐れ入ったのでございます。

061 「下の口の会話」の後には、「ありがとう」の言葉を必ず添えてください

都内の某警察署に拘留された時の話です。容疑は未成年の少女をＡＶ撮影した「児童福祉法違反」の罪でした。男友達にそそのかされて小遣い欲しさに23歳の姉の身分証を持って面接にやって来た17歳の少女を信じた結果のお縄頂戴でありました。

こうした犯罪では騙した方は一切罪を受けることがなく、たとえ騙されたとしても撮影した側がお裁きを受ける法律となっています。が、捜査当局も魚心あれば水心で、被害者がおらぬこの手の犯罪には寛容で、取り調べも格段厳しいということもなくすぐ終了し、後は起訴を待つだけとなりました。

そんな時、黒木香嬢が面会にやって来たのです。その頃の彼女はマスコミの寵児となり大変な人気者でした。当局も有名人の彼女が私に会いにやって来たことに配慮してくださり、署の前で見張っているマスコミに気づかれぬように裏口か

ら招き入れ、人目につかぬようにと取り調べ室での面会となったのです。

面会の日から1週間ほど経った深夜の時間に、突然、担当の少年課の係長が私の入っている房の前にやって来ました。鉄格子越しに「あの面会の時、黒木香嬢はお前のキンタマを本当に摑んだのか」と聞いてきました。

唐突でした。こんな夜中に真顔で何というスケベな質問をしてくるのだと、呆れましたが「摑んでいませんよ」と答えると「そうだよな」と得心し、去って行かれたのです。

翌朝、警視庁本部からやって来た刑事に取り調べ室に連行されると、そこには係長だけがいました。係長は疲れ切った表情で、「昨日までお前さんを担当していた所轄署の刑事は全員、今朝配置換えになって他の部署に移っていった」というのでした。

何故、と驚きました。係長の説明によると昨日黒木香嬢が週刊誌に連載しているコラムの中で、「久しぶりに監督さまと面会し、その極太をムンズとばかりに摑んだら、ク○トリスが痛いぐらいにボッキしてしまいました」と書かれていたというのです。そのコラムの内容を真に受けた警視庁の幹部連が「なんたることを」と烈火のごとくに怒り、引継ぎの係長以外の担当の刑事を全員、即日配置換えの処分にした、というのでした。

手と手を握り合った場面があっても、まさか彼女が担当刑事の見ている目の前で私のペ○スをワシ摑みにするなどということはありえないことです。黒木香嬢のリップサービスに過ぎなかったのでしたが、我が身大事の警視庁のお偉いさんは、先手を打って処分を下したのでした。

「取り調べ室での面会」を、と情けをかけてくれた刑事さんたちには本当に悪いことをしてしまいました。こんなことなら別れ際に彼女が傍を通り抜けた時に、いっそパンティの中に指をくぐらせ出入りの模様を披露しておけばよかったと、後悔したのでございます。

062 昔はよかった、という人がいます。信じられません

横浜ベイブリッジが開通して間もない頃です。神奈川県議会に県警の本部長が呼び出されました。質問に立った県会議員が1本のビデオを取り出し「ここに〝横浜ベイブリッジのおんな〟というアダルトビデオ作品がある、内容をご存じか」と問いただしました。

「承知いたしておりません」と本部長。質問議員は興奮気味に「この作品は我が神奈川県の誇りである横浜ベイブリッジで撮影されたものです。県の象徴ともいうべきあの場所で、こともあろうにアダルトビデオが撮影されたのです。本部長におかれては神奈川県民の名誉を守るために、かかる不謹慎極まりないビデオを即刻取り締まりされることを求めます」。

本部長は困惑しつつも、「議員のご指摘の作品の内容は承知いたしておりませんが、内容を確認し、問題があれば法令に則り、厳粛に対処します」と答えられ

第5章　「いくらでも嘘をつける女性」はいくらでもいる

この雅やかな姫君と、この後横浜ベイブリッジを駅弁で横断し、お取り締まり当局から厳重注意を賜ることになりました。

たのでございました。

それから2日後のことです。事務所に神奈川県警の刑事が2人やってきました。用件は、前述したような成り行きで「あなたが撮影された〝横浜ベイブリッジのおんな〟が県議会で大問題となっている。県警本部長の指示で、当職は対処しなければならない立場になりました。何とか善処していただけないか」と申されるのでした。

話し方は上からモノ申すという居丈高ではありませんでしたが、もし否というならコチラにも考えがある、といった覚悟が垣間見えたのです。とるべきポジションはただ一つ、作品を販売停止にすることでした。しかし、既に2週間前に本作品は発売され、全国のビデオレンタル店に出回っています。今更回収をかけようとしても、一度販売したものを返せとはいえない相談です。

そのことをご来訪の刑事に話すと、「終わったことは仕方がないから、今後は販売しないことを確約し、一筆書いてほしい」と申されるのです。

お咎めがなく一筆啓上で済むことでしたらおやすい御用と、その場で誓約書を書いてお渡ししました。２人の刑事は「これで面子が立った、協力してくれてありがとう」と紳士的な態度を見せられ、お帰りになったのです。

それまで「葛飾柴又のおんな」「幕張メッセのおんな」「奥飛驒のおんな」など、日本の名所旧跡を訪ねて「ご当地のおんな」シリーズ物を製作していました。作品の売りは、それぞれの景勝地で「駅弁」を行い駆け抜ける、というもので、問題となった作品でも、横浜ベイブリッジを私と共演女優が駅弁体位で合体し、横断していたのです。カメラを担ぐと正気の沙汰ではなくなる癖が出ました。

読者の中に該当作品をお持ちの方がおられましたら、神奈川県民の皆さまにご迷惑がかからぬよう、買い戻させていただくことをお伝え申し上げたく存じるのでございます。

063

すべて、いいんですよ。起きたことは宿命だし、納得できます。だから、失敗した、なんてことはないんですね

所轄のM警察署の顔なじみの刑事から「来て欲しい」との連絡が入りました。刑事には右翼に街宣をかけられた時にお世話になりました。伺うと担当刑事は「監督、強姦で訴えられていますよ」というのです。

藪から棒の話です。刑事は「2カ月前、アイドルのAと一緒に大阪のホテルに泊まったでしょう。そのAから、強姦されたとの訴えがあったんです。既に現地のホテルに行き実況見分を済ませています。いつでも監督に我が署に来ていただき、お泊りしていただく用意ができています。が、そうなると有名人の監督ですから何かと不都合でしょう。そこで、3日間の時間をあげますから、その間に監督自身で解決してくれませんか」と穏やかな口調でお話しされたのでした。

「強姦された」という被害を訴え出たアイドルとは確かに2カ月前の大阪のホテ

ルで性交渉を結んだことがありました。しかしそれは「強姦」などという悍《おぞ》ましいものではなく、一緒にイベントに出演した者同士が気が合い、一夜限りの「大人のお付き合い」をしたに過ぎないものでした。

アイドルといっても、彼女は20歳を過ぎた立派な大人でしたし、それを強姦だと警察に訴え出るなどとは「美人局」以外なにものでもありません。憤然として「あの夜は彼女にオネダリされて3回もイタしたほどです」と正直に申し立てをしました。刑事は深く頷き、同情する表情を見せ「こういうケースはよくあるんですよ。私たちも監督が本当に強姦したなどとは真に受けていませんが、訴え出てきた以上、捜査しなければなりません。有名税だと思ってここは辛抱して、監督の手で解決してくださいよ」とあくまでも低姿勢なのでした。

降りかかる火の粉は払わなければなりません。早速、彼女に渡されていた名刺の電話番号に連絡を入れ、待ち合わせをしました。待ち合わせの場所に彼女はタクシーでやって来て、一緒に乗るようにと手招きをしたのです。

後部座席に並んで座ると、彼女は運転手に「Nスポーツ新聞社に行ってください」と告げました。「どうしてそこに？」と尋ねると、彼女は「知り合いの記者がいるから、監督に強姦されたことを書いてもらうの」とシレッとしていうのです。

あの大阪のホテルで私の体の下で「気持ち良すぎて死んじゃいそう」とその白く細い腕で力いっぱいしがみついてきた生々しい女性とは別人でした。

通りすがりにあった、取引きのある都市銀行の支店の前でタクシーを停め、銀行からおろしてきた1000万円のブロックを彼女に渡し、「なかったことにする」との確約をとり、ようやく事なきを得たのです。

彼女が芸能界では知る人ぞ知る「一人美人局」であることを知ったのは、それからしばらく後のことでした。

064 人を動かすのは情熱だよ、蹴ったり殴ったりでは人は動かせない

幼き我が息子を殺害したAV女優がいました。彼女の殺人には私も責任があります。このことを話すと、後悔で苛《さいな》まれ、心が乱れるのでございますが、懺悔《ざんげ》の気持ちでそのことを記します。

僅《わず》か4歳の命を母親に奪われた幼き命への鎮魂の思いを込めて、でございます。

その女性が知人の男の紹介でやって来たのは二十数年ほど前でした。彼女ははるばる北海道からタレントになりたいと上京し、知人の男のところに身を寄せていたのです。年齢は21歳のことでしたが、もう少し齢を重ねているように推察しました。

しかし結婚相談所ではありませんので、実年齢が本当はいくつであるかは未成年でない限り問題ではありません。芸能界では年齢のサバを読んで活躍している人気者はいくらでもいます。勝てば官軍で実際の年齢など後でどうにでもなるの

です。

本質は売れるか、売れないか、でございます。

彼女を一目見て「いけるかも」の感触を覚えました。見た目、容姿は超一級品というほどのことでもありませんが、ヤル気が違いました。「私は北海道からタレントになるために命がけでやって来ました。売れるためなら何でもやります。どうかこの私に監督のお力を貸していただけないでしょうか、お願いします」と真剣な眼差しで訴えてきたのです。

自分からこれほど熱心に売り込むケースはマレです。スカウトマンやマネージャーが必死で売り込みをかけていても、ご本尊は傍でまるで他人事のように乙に澄ましているのが普通でございます。が、彼女の「お願いします」にはこれまで誰からも感じたことがない迫力が伝わって来たのです。

それこそ彼女のいう通りの「命がけ」の必死さです。今時「命がけでやります」と訴えられても、それで突き動かされるほど芸能界の人間はヤワでもウブでもないのですが、その時の私は違いました。ならばここは乗ってやろう、と考えたのです。

「乗る」といっても彼女の体の上ではないことは自明のことでございます。

この炎のようなヤル気の持ち主の女性が、どこまでいけるか一緒に伴走してみようとの野心を持ったのです。

まずAVデビューからスタートすることにして、知人の経営するAVメーカーから3カ月後のデビューが決定しました。撮影はすぐに行えても、パブリシティ活動に時間がかかるために、3カ月間の時間が必要だったのです。併せて写真集の方も知り合いの出版社の編集長に話をつけて、グアム島での撮影が決まりました。

デビューまでの3カ月間は、その頃私がMCを務めていた関西のテレビ局の深夜番組でレギュラー出演してもらうことにしたのです。

すべては順風満帆にいくかに見えました。あの日までは…。

065

死ねないなら生きるしかない

朝のモーニングショーをテレビで見ていました。「東京のモデルが我が子を殺す」とのセンセーショナルな文句が目に飛び込んできたのです。犯人のモデルの顔写真がテレビの画面いっぱいに映し出されました。

アレッ？　この娘は確か…すぐに思い当たりました。これから売り出そうとして力を入れていた娘だったからです。どうして？　彼女が一体何故？　とテレビの画面を食い入るように見つめました。事件の詳細を報じるアナウンサーによれば、あらましは次のようなものでした。

犯人のモデル女性が4歳になったばかりの自分の息子を手にかけて殺し、息子の父親である男の札幌の実家の家の前に放置したのです。その頃の札幌の街の中には野犬が徘徊していました。発見された時、4歳の息子の屍体は野犬に食い尽くされ、周囲の雪は血で真っ赤に染まっていた、という凄惨《せいさん》なものでした。むごい事件でした。

テレビのアナウンサーによれば、犯人の母親のモデルの彼女は札幌のビジネスホテルの一室で幼い息子と2人だけで生活していたといいます。月曜日から金曜日までの5日間はモデルの仕事で母親は東京に出稼ぎに行き、その間幼い息子はビジネスホテルの部屋で一人留守番をしていたというのです。

母親は東京から札幌の息子へ電話を頻繁にかけて、淋しがる息子を励まし、「もうすぐ帰るから辛抱していてね」と元気づけていたのでした。息子は部屋でひたすら母親の帰るのを待ち続け、買い置きの食料を口に入れながら過ごしていたのでした。

その間は2カ月ほどでした。母親はAVや写真集、テレビでのレギュラー出演が決まり、これまで恵まれなかった自分の人生が大きく好転し、ようやく花開くかに思えたのです。千載一遇《せんざいいちぐう》のチャンスがやって来たと夢のような気分になっていた彼女は、4歳の息子の存在が疎ましく思えてきました。この子さえいなければ、写真集やAVやテレビに出演することで私の人生の未来は約束されたものなのに、と急に息子が重荷になりました。

息子の父親である、自分を捨てて他の女性のもと走った前夫への憎しみの心も改めて芽生えてきて、このまま足手まといとなっている息子に人生をメチャクチャにされてたまるか、との彼女に忍び寄った悪魔の声に突き動かされるままに、ビジネスホテルのベッドの上でスヤスヤと寝息を立てている4歳の幼な児の首に手をかけたのです。

幼き息子は自分の身に何が起きているかわからないままに絶命しました。もはや悪霊に取り憑かれたごとくとなった若き母親は、息子の屍体をボストンバッグの中に入れて、いつも東京に行くような旅支度でホテルを出て、タクシーに乗ったのです。向かった先は前夫の実家でした。

066 貧乏は諸悪の根源でございます

彼女は私がMCをしていた関西の夜の番組で「駅弁コーナー」のアシスタントをしていました。とても視聴率の高い番組でしたが、中でもその「駅弁コーナー」は人気でした。視聴者代表の男性とレオタード姿の彼女が深夜の梅田の繁華街を「駅弁スタイル」で疾走するという企画です。

撮影時には大勢の野次馬が集まってきて、彼女はもみくちゃにされました。胸や尻を揉まれたり、レオタードの隙間から中に指を侵入させるといった狼藉者まで出現する有り様でした。こうした場合、普通のタレントならキレるか泣きわめくかのどちらかですが、彼女の顔から笑顔が消えることはありませんでした。サービス精神旺盛な性格からでもありましたが、肝の据わり方が違っていました。彼女の瞳の奥には「来るなら来い」の炎が燃え盛っていたように思います。

その彼女が4歳の男の子の母親であったとは知りませんでした。そしてまさかその愛しい我が子を絞め殺す大罪を犯すとは、夢にも思わなかったのです。

それにしても、殺害した息子をその父親である別れた男の実家の前に、何故、捨てたのだろうと信じられませんでした。そんなことをしたらたちまちのうちに自分が犯人だとわかってしまうのは明らかだからです。

自暴自棄となって、もはや冷静な判断力を失っていたのでしょう。ようやく這い上がり、もう少しで山の頂に手がかかり、素敵なパノラマを見ることができたのに、自ら手を離し奈落の底に落ちるとは、なんとも残念でなりませんでした。

彼女に期待し、伴走することに喜びを感じていましたので、事件には落胆させられました。札幌の拘置所で裁判を待つ身の彼女に面会に行こうかとも考えましたが、彼女はそんな自分の姿を見られたくないだろうと、会いに行くのをやめにしました。

知人の男の紹介で会った時に、彼女をその気にさせなければ、あんな事件を起こすことはなかったのではなかろうかと、自分の出来心が招いた罪の大きさにしばらくの間苦しみました。

彼女の手にかかって亡くなった4歳の男の子に「おじさんを許してください」

と心の中で手を合わせて詫びたのです。

彼女は月曜日から土曜日の札幌に帰るまでの5日間、タレントの仕事のない時は吉原のソープで働いていました。しかし、ソープで働いていることなど微塵《みじん》も感じさせることはないほどに、いつも可憐でエレガントでした。

そうした、清濁併せ呑んで清しか残さず、を地でいくような彼女の人間性に魅せられていたのです。あれから二十余年、今頃彼女は何をしているのだろうと、思い出す度に幸せを願うのです。

067
身の丈を知っている人間が地獄に墜ちたという例を知らない

東京湾の大島が噴火した時です。島の高台にある温泉ホテルにＡＶ撮影のため宿泊手続きをしていると「ドーン」という噴火音がロビーまで聞こえてきました。心配になり部屋まで案内してくれた年配女性の仲居に、「大丈夫でしょうか」と尋ねると「大丈夫ですよ、こちらまで来ないようになっていますから」とことをもなげにいうのでした。部屋に入り早速撮影をスタートしましたが、「ドーン」と強烈な音が響いてきます。窓から外を見ると噴火口周辺に、いくつもの火柱が上がっています。スタッフも動揺を隠し切れない様子でしたが、折角来たのだからと撮影を続けました。夕食時に食事を運んできた仲居に再び「大丈夫でしょうか」と聞くと、何のためらいもなく「大丈夫ですよ、こちらには来ないようになっていますから」と太鼓判を押すのでした。

夜になって撮影を続行しましたが、「ドーン、ドーン」という噴火の音が絶え間なく続き、女優の喘ぎ声がかき消される始末となったのです。窓から見る火柱は夕方見たものより何倍も高く噴き上がり、凄まじいものでした。余りの迫力にこのままここにいたら大変な目に遭うのでは、と不安に駆られたのです。

スタッフの目も血走っています。ここから退却することをスタッフに伝え、チェックアウトのためにロビーに行くと、またしても仲居と出会ったのです。仲居に「これからチェックアウトして東京に戻る」ことを伝えると、残念そうな表情を顔に浮かべ、再び「大丈夫ですよ、こちらの方には来ないことになっていますから」と少しも動ずることなく、キッパリというのでした。

チェックアウトを済ませ、部屋に戻ると窓から見える火柱はもうすぐそこに近づいていて、一刻の有余もないように思われました。慌ててスタッフを引き連れてロビーに戻り、玄関に横づけしたレンタカーに撮影機材を積み込んでいると、また例の仲居が現れ、「大丈夫ですよ、ここには来ないようになっていますから」のセリフを口にするのでした。「大丈夫ですよ」の仲居に見送られ、深夜港に待機していた横浜港からチャーターの釣魚船に乗船し、東京まで戻りました。

1日経って大島に全島民避難が発令され、迎えに行ったフェリーに島の人々が乗り込む様子がテレビ中継されていました。中に大きな荷物を背負い必死の形相で乗り込む「大丈夫ですよ」の仲居の姿があったのです。

あれから数年後、大島往復にチャーターした釣魚船が自衛隊の潜水艦と衝突し沈没する事件が起きました。帰路の船の上で取り残したSMシーンを撮影している途中に「俺たち船乗りにとって海の神様は女性なんだよ、だからたとえ撮影でも船で女性をイジメるのは止めて欲しい」と頼んできた船長を思い出し、暗澹《あんたん》たる気持ちになったのでございます。

068 男にスケベ心がなかりせば、女性への優しさも数分の一になってしまうのです

戦後誕生した財閥系企業の重役として勤めた男がいました。男の上司の財閥企業の総師は伝説の立志伝中の人物で、日本の経済発展に華々しい足跡を残しています。男はその伝説の経済人に可愛がられ、長い間右腕として仕えました。その伝説の経済人が東京駅で倒れ、息を引き取ったのは、男の腕の中でした。

主人亡きあと、男は財閥系企業に顧問として残り、それまでのキャリアを生かし政財界へのパイプ役として辣腕をふるい、財閥系企業の発展に陰ながら貢献しました。ある時、知人の男が韓国でトラブルに巻き込まれ、韓国の銀行に預金していた10億円近いお金が、韓国政府に差し押さえられたことがあります。

顧問は「韓国の政府筋にも太いパイプがある」と聞いていましたので相談すると5日後、その当時韓国の首相をしていた人物の秘書の人間がわざわざ来日し、問題解決へのアドバイスをしてくれました。今更ながらに顧問の人脈の凄さに驚

かされたのでしたが、顧問には秘密の趣味がありました。女性の局部を撮影し、その写真をコレクションするという趣味です。ターゲットとなった女性たちは財閥企業のCMに出演したり、後援する舞台やイベントに出演したりした、誰もが羨むような美人女優や人気のタレントばかりです。

顧問は自分の立場を利用し、趣味の写真のモデルになってほしいと、知り合った有名女性たちを財閥企業が経営する都内の一流ホテルのスイートルームに誘います。しばらく洋服を着たまま被写体の有名女性の姿をカメラで撮りまくると、今度はカメラの裏蓋を開けフィルムが入っていないことを確かめさせ、格好だけでも大胆に見せてほしいとおねだりをするのでした。

日頃お世話になっている大スポンサーのお望みであれば、首を横に振るワケにはいきません。求められるままに女性たちは、一糸纏わずあらぬポーズを惜しげもなくご開帳すると顧問は、「ステキだよ」と褒め言葉を発しながら隙をうかがい、フィルムの入っている同じ型のカメラとすり替え、シャッターを切りまくるのでした。

かくて撮影済みのフィルムは顧問の家にある現像室でプリントされ、コレクションのお仲間入りをすることになるのでした。

一度その秘蔵のアルバムを拝見したことがあります。そこにはまさかと思うような有名女性たちの恥部丸出しのあられもない姿の写真が収集されていたのです。

その後、顧問は病に倒れ病院で昏睡状態に陥りました。顧問の書斎を整理中の奥方が秘蔵のアルバムを発見なされました。顧問が85歳で死亡した後、奥方は「本人の遺志だから」とお通夜も葬式も出さず、遺骨はどこかの海にバラ撒きました。ドスケベ男の末路はかくのごとき哀れなものかと、身につまされたのでございます。

069 お尻の穴を見せる覚悟で、生き恥をさらしております

「ＳＭの女王」といわれる女性がいました。年齢も40代の「女盛り」でございました。マスコミで有名芸能人や政治家との「ＳＭ交遊録」を公開し話題の人となっていた彼女と、雑誌の対談でご一緒しました。たった一度のお近づきでしたが、その後彼女から突然、「明日、相談があるから事務所にお伺いしたい」との電話が入ったのです。

約束のお昼の時間に現れた女王さまは「これから一緒に行ってほしい先に、どうしても会わせたい女性が待っているから」というのです。会わせたい女性がいる、と聞けば地球の裏側まで飛んで行く性分です。女王さまの乗りつけてきたタクシーに同乗し、向かうと、そこは上野のストリップ劇場でした。

劇場の前には行列ができていて入り口に「村西監督来る！」の大きな看板がかけてありました。ハメられた、とわかった時は既に遅しで、強引な女王さまに背

中を押されるまま舞台の袖に立っていました。

場内に「お待たせしました、あの村西監督が登場です」のアナウンスが流れました。仕方がありません。マイク片手に場内満員のステージに立ち、お客さまにご挨拶をいたしました。続いて場内のスピーカーから「本日の大トリは○▲○◇レコード専属歌手○×さんです！」との音声が流れたのです。SMの女王さまが紹介したいといっていた女性なのかと目を凝らしていると、ステージに立ったのはケーシー高峰のようなアバタ顔を厚化粧で隠したメタボ体形の年増女性でした。

専属女性歌手はアップテンポな曲に合わせて着ていた衣装をアッという間に脱ぎ捨てスッポンポンになったのでしたが、5段腹の下腹部には帝王切開の傷跡がタテにハッキリ見えていました。専属歌手はステージの端から客席に向かい、股を大きく広げて大胆なオープンサービスを開始しました。が、お客はあからさまにソッポを向いたり、新聞紙を広げたり、狸寝入りをしたり、中には弁当を開いて食べはじめる客もいて、まともに見ようとする観客は1人もいません。

すると専属歌手はお客に向かい「せっかく大サービスをしているんだから、ちやんと見なさいよ」と肥大したコールタール色の小陰唇を指で左右に開き、叱りつけるのでした。

が、思い余った客から「汚ねえモノを見せるんじゃないよ」のヤジが飛び、睨み合う場面もあったりして、ステージの奥にそのまま残っていた私は、目の前で繰り広げられている「罰ゲーム」のような光景に肝を冷やし、生きた心地がしませんでした。立ち見まで出ていた満員のお客さまの憎悪の視線が私に向かい注がれていたからでもあります。

今でも、舞台の袖の幕越しにその様子を薄ら笑いを浮かべ覗いていた、狂気を帯びた女王さまのお顔が忘れられません。

070 振り返れば笑い話になることばかり、が人生でございます

国政選挙に出ようとしたことがあります。国会議員になろうなんて、出来心としては究極のものでしたが本気でした。そのころイタリアでチッチョリーナというポルノ女優の国会議員が誕生し、世界的な話題を集めていましたので、黒木香嬢が雑誌の企画で彼女と対談することとなり、ローマに同行しました。チッチョリーナ嬢は「ポルノ女優」と「国会議員」という二枚の看板を背負っていました。純粋な心の持ち主でありながら、様々なバッシングを受けても「性職者」として果敢に差別に立ち向かっている、めげることない姿勢に感動しました。刺激を受けた私は、性表現の規制を受けている法律を変える必要があると考え「ナイス党」を立ち上げ、国会に挑むことにしたのです。

が、出馬を公言してからすぐにお上に御用となってしまいました。容疑は未成年女子を撮影した、という児童福祉法違反です。この逮捕には伏線がありました。

全日本ナイス党を立ち上げいざ出陣!!　気が付けばマイク代わりに商売道具の黒バイブを握っておりました

逮捕の2カ月ほど前のことです。親しくしていた少年課の刑事に「もし、年齢を偽られ未成年の女子を成人と信じて撮影したらどうなるだろう?」と相談していたのです。

「もし」という前提でしたが、その刑事はベテランでした。「もし」ではなく実際に撮影したに違いないと第六感を働かせ、秘かに捜査を開始していたのです。そして私が「選挙に出る」と話題を集めていたタイミングで、「国会をエロ事師に凌辱させてなるまじ」のお上の意向が働き、自分で蒔いた種を自分で刈り取らされ、前手錠をかけられる破目に陥ったのでした。警視庁本部での20日間のお取り調べの拘留を経て、結果、処分保留で釈放されましたが、その後1週間ほどして30万円の罰金を科すとの通知が届きました。

たとえ未成年の女子に騙されても、大人には「騙された」では済まない責任が求められている、の少年法のお裁きを受けたのです。拘留中の入浴時、世に知られたエロ事師のイチモツは、どんなワザモノを秘匿しているのかと興味津々に凝視する担当さんに、持ち前のサービス精神を発揮し、妄想を働かせて「半ボッキ

ナイス党を立ち上げ、「性事」の世界から「政治」の世界へ、と出馬宣言のパーティーの一幕です。

状態にしたソレ」をこれみよがしにご開帳したことを懐かしく思い出します。

あのままお縄頂戴とならずに立候補していたら、どうなっただろうと想像することがあります。あわよく当選した暁には、目をギラつかせあたり構わず同僚女性議員に同志的結合を求め、「懲罰動議」を提出されていたのでは、と思うのです。

071

反省しすぎないことだよ、過去を振り返ると皆ウツになるんだよ

フィリピンのマニラの市街で撮影中に、突然戦車や装甲車が現れ、道路にはバリケードが築かれ封鎖されました。戦闘服を着た兵隊が、自動小銃を手に街のあちらこちらに見え隠れして、ババーンという銃撃音が街中に響き渡ったのです。

現地コーディネーターの日本人の男は、「クーデターが起きたみたいです。2、3日前から新聞に危険が迫っていると書かれてありました」というのです。そんな危うい状況だったらとっくの昔に日本に逃げ帰っていたものを、と後悔しましたが、後の祭りでした。

バリバリバリッという、耳をつんざくような機関銃の音が街を切り裂きました。が、「フィリピン兵は本気で戦いをはじめる気がありません。臆病ですから」とコーディネーター氏は脅える様子もなく平気な顔です。後でテレビのニュースで見ると、その通りに兵士はビルの壁から銃口だけを出してあたり構わず撃ってい

るだけでした。しかし、周囲を銃を持った兵隊に取り囲まれた恐怖心はハンパなものではなく、「持病」の急性下痢を発症し、下半身が糞まみれになりました。

別にもう一度、銃撃戦に巻き込まれそうになったことがあります。ハワイ、オアフ島のハワイ海を見下ろす小高い山の上でゴルゴ13愛用のM16ライフルの試射をしている時でした。遠くからサイレンの音が聞こえてきたのです。こちらに向かい十数台のパトカーが疾走してくるのが見えました。パトカーは下の駐車場に集結し、中からライフルを手にした警察官が飛び降り、私のいる方に向かって照準を合わせています。

誰かが、山で銃を乱射している狼藉者がいると警察に通報したようなのです。山の裏手には射撃場があり、一帯は射撃が許可されているということで安心していたのですが、あれよあれよという間にギャング映画のワンシーンのように警官隊に取り囲まれてしまったのです。一緒にいたM16の持ち主でもある日系人のウッディは手に持っていた、象も一発で仕留めることができる大口径のライフルを「くるか」とばかりに警官隊に向かって構えました。血の気の多い男でした。

このままでは本当に撃ち合いが始まり警察官からハチの巣にされると考え、必死に、「銃を構えるのは止めるように」とウッディに懇願しました。涙も出していた気がします。興奮していたウッディは冷静さを取り戻し、ライフルをその場に置き、両手をあげて警官隊のいる山の下の駐車場に向かい、歩き出しました。

私も同じバンザイのポーズをして後に続き山をおりましたが、急性下痢を発症した上に、途中二度ほど転び、鼻を強打、糞まみれ顔面血だらけの醜態をさらしたのでございます。

第6章

パンツを脱げない人は、人生を他人事だと思っている

072
アカの他人で私みたいな人間に優しくしてくれた人のことを思い出すと、もうちょっと頑張ろう、と思うんです

その男《ひと》はグイと睨みをきかせ、私の目を射るような真っすぐな目で一瞬胸が抉《えぐ》られるかと思うほどの迫力のある言葉を放ってきたのです。「俺の命の値段はいくらだ、いってみろ」。言葉に裂帛《れっぱく》の気合いが入っているのが伝わってきます。呆が、やにわに「俺の命の値段は」と問われても返す言葉がありませんでした。呆気に取られアホのようにその底光りする鋭い目を見つめ返すだけでした。

「5億円か、10億円か、お前さんは俺にいくらの値をつけるつもりなんだ」と尚も命の値段にこだわり、一歩も引く気配がありません。後でわかったことですが、少し前に男の経営していたプロダクションが倒産し、多額の金を必要としていました。そこで紹介してくれた知人が「オヤジ、随分と太い金主がいるんです」と吹聴したために、私を大口のスポンサー現れたと勘違いされていたようなのです。

第6章 パンツを脱げない人は、人生を他人事だと思っている

エロ事師としての道を歩み出した頃の隠しきれないおスケベ丸出しの顔

沈黙の時間が流れました。が、このまま黙っていたのでは埒《らち》が明きません。意を決して圧倒的な存在感に打ちのめされそうになりながら、「座頭市の映画のビデオ化権をお譲りいただけないかとお願いに上がりました」と辛うじて要件を伝えました。

するとと「なあんだ、アンタは俺の、勝新太郎の命を買いに来たんじゃないのか」とそれまで見せていた獲物を狙うかのような獰猛《どうもう》な表情を一変させ、笑顔を見せたのです。

「スター・勝新太郎」の映画やテレビで見せるとは別の、人たらしの魅力的なプライベートの素顔でした。

「そうか、お前さんは俺の座頭市のビデオの権利を買いに来てくれたのかい。が、生憎だったな、俺にはもうその権利はないんだよ、あれはY県のK親分のモノになっちまっているんだ」

勝プロが倒産した時に、虎の子の座頭市のフィルムも借金のカタに取られてしまったというのですから、愕然《がくぜん》としました。そうとわかっていたらわざわざ伺うこともなかったのに、と落胆したのです。すると「お前さん、どんな仕事をしているんだい?」と座頭市の時のしぐさのように目を細めて尋ねてきたのです。「村西とおる」ではなく、まだデビュー寸前の「裏本の帝王」といわれていた頃です。

ビニ本で儲けた金を元手に、来るべきビデオの時代に備えていた時期でしたので、「ポルノビデオの仕事をしようと思っています」と体裁を装ってもすぐに見透かされると考え、素直に答えました。

と、「座頭市」は持ち前の好奇心を露わにして「俺がもしポルノを撮るんだったら、こう撮ると決めているヤツがあるんだ。お前さん、その物語に興味があるかい?」と話を向けてきたのです。

天下の勝新が考える「ポルノ」に興味がないワケがありません。「興味があります」と即答しました。

073

負けるのが怖くてやってられるか。サムライの血が騒ぎ、今日もこけつまろびつの出陣が続く

　勝新は私の顔を正視し、大真面目に自慢のポルノ大作のストーリーを語りはじめました。その口調は映画の座頭市を彷彿させる朴訥《ぼくとつ》としたものでしたが、まるで目の前でそのシーンが繰り広げられているかのような錯覚を覚えるほどの描写力に満ちていたのです。

『いいかい、ここに25、26の一流大学を卒業した深窓の令嬢がいると想像してごらん。親の莫大な遺産を相続して、見栄えの方も申し分のないトビッキリのお嬢さまだ。そのヴィーナスのような深く彫りこまれたエレガントな顔立ちのお嬢さまが、ある日3人組の無法者の暴漢に襲われて犯されてしまうんだ。3歳年下の、まだ処女だった小さなバラの花の蕾のように可憐な妹も一緒に犯されてしまう。妹はそのことがあって体調を崩して病の床に伏せるようになり、やがては苦しみ悩んだ挙句「自殺」という手段を選んでこの世にオサラバをしてしまう。むごい

話だ。

ここは本当ならば座頭市の出番だが、この映画には座頭市は出てこない。姉は自分はまだしも、妹を死に追いやった3人組の強姦魔に復讐を誓って、父親の形見のライフルを手に射撃場で腕を磨き、しばらくして探し当てた3人組のアジトに一人でやってくるんだ。

戦闘服を着て、ライフルをかざしたお嬢さまが突然現れ、3人の男は驚いて腰を抜かす。お嬢さまはライフルを男たちに向かって一発ブッ放ち、こういうんだ「今から私のオッパイを見せてやるから、それを見てオナニーをしな。5分以内に射精できなかったらこのライフルで容赦なく撃ち殺す」と。

3人の男は必死になってチ○ポをシゴいて、なんとか5分以内に射精することに成功するんだが、お嬢さまはまた無理をいうんだ。「私のアソコを見せてあげるから、今度は10分以内に射精しな」と。

2人の男は辛うじて10分以内に射精できるんだが、もう一人はなんともムスコがいうことをきかない。するとお嬢さまのライフルが火を噴き、その男は撃ち殺される。そしてお嬢さまは生き残った2人の男に再びこう命じるんだ「シャブってあげるから、10分以内に射精してごらん」と。

1人の男は巧みな舌技を受け、なんとか射精することができたが、もう1人はニッチもサッチもいかずに芋虫のように縮んだままだ。お嬢さまが「意気地ナシ」の言葉をかけるなり、男の頭がライフル弾で真っ二つになる、という寸法だ。

そしてお嬢さまは残った男に悩ましげに「最後に私とSEXをして10分以内にイッたら命は助けてあげる」と囁《ささや》くんだ。

これまで短い時間で3回も果ててしまっている男は懸命に、好きなバックのスタイルで腰を思い切り使うんだが、悲しいかなタイムアウトとなって、「イキな!!」のお嬢さまの合図と共に、心臓を射抜かれて天国にイッちまうんだ』

074 相手の目をしっかりと見据えること

勝新の語るポルノ映画のストーリーは実に衝撃的でした。このことがあってから5年後、私はトップの人気AV女優の松坂季実子主演のオールフィリピンロケの作品で、その通りの作品を撮りました。

勝新の事務所を辞し、外に出てから、「はて、どうしたものか」と思案しました。座頭市の映画のフィルムは何としても手に入れたい気持ちに変わりはありませんでしたが、その版権を持っているというY県のK組長には全く心当たりがなかったのです。

蛇《じゃ》の道は蛇《へび》、と取引先の元ヤクザのビニ本店主に事の顚末を話し、相談しました。すると「元のオヤジのところに行けば何とかなるだろう」と、昔所属していた組の組長を紹介してくれたのです。

その組長は東京のど真ん中の繁華街を縄張りにしている有力者でした。これこれしかじかと経緯《いきさつ》を話すと「K組長なら確かウチの若頭と鹿児島の刑務所で一緒だった筈」と、すぐに電話で若頭のN氏を呼び寄せ、紹介してくださったのです。

40歳少し前の若頭には左の目元から顎にかけて10センチほどの切り傷の痕がありました。人相のコワモテとは程遠い、まるで商店街の若旦那のように親しみやすい愛嬌の持ち主でした。若頭のN氏は、事のあらましを親分から聞くと「わかりました、K組長とは刑務所の中でも何度か親しく口をきいたことがある仲です。K組長も、同じ〝臭い釜の飯〟を食った私のことは覚えてくれている筈ですから、さっそく今からでもK組長のところへ行って話をつけてきます」と気安く引き受けてくださったのです。

そして私に向かい、「こういう話は早い方がいいんだろう」と促してきたのです。「できればお願いしたいんですが」と頭を下げると「わかった、外に俺の車を停めてあるから、それに乗って一緒に行こう」と私の背中を押して、「それじゃあ、オヤジ、今から行って参ります」と親分に丁寧に頭を下げたN氏でした。

親分は「気をつけて行ってこいよ」と優しい言葉をかけて、それまで座っていたソファから立ち上がり、見送ってくださいました。

その時は、親分と若頭の間で暗黙の内に確認されていた「覚悟」の存在など知る由もありませんでした。この時の2人の別れの挨拶がいかに命がけのものであったかを知るのは「ちょっと、家に寄って行こう」と誘われ、若頭のマンションの部屋に立ち寄った時です。若頭は部屋の中に私を招き入れると室内にしつらえてある立派な神棚に向かい手を合わせ、勢いよくパンパンと手を打ちました。

そして神棚の裏に手を伸ばし、そこから黒い20センチ四方の箱を取り出し、中に入っていた回転式の拳銃を手に持ったのです。

この時、あの「親分と子分」の別れの挨拶の意味を初めて知ったのでした。

075 男なら余計なことを考えずに動け、思いっきり

拳銃を胸の内ポケットに忍ばせた若頭のN氏が運転する車で、Y県のK組長がいるF市に向かいました。高速を走る車の中で、更に別の事実を若頭のN氏から知らされ、仰天することになります。

Y県のK組長はただの地方都市に縄張りを持つだけではなく、なんと全国組織のK会のトップだったのです。

なんということだ、と腰が抜ける気がしました。相手がそんな大物だったとは露知らず、気が付けば拳銃を胸に忍ばせた道案内の若頭と一緒に乗り込む状況となっていたのです。こんなことになるなら、と後悔しましたが、もはや後戻りできる立場ではありませんでした。ままよ、と運命に身を委ねようと諦めた頃、若頭のN氏が運転する車がK組長の豪邸に到着したのです。それは豪邸というより「要塞」といった方が相応しい威容を誇っていました。

後ろ側には山がそびえ、周囲は砦のような高い塀で囲まれていました。インターホンを鳴らすと、30メートルほどある門の向こうの小屋から、5、6人の若い衆が飛び出てきました。若頭のN氏が「K親分に会いに来た」ことを伝えると「お待ち申し上げていました」と丁寧な挨拶とともに、厚さ20センチほどの鋼鉄の門が左右に開かれたのです。

車を邸内に乗り入れると、近くの犬舎の檻の中からドーベルマンが2匹、こちらに向かい獰猛《どうもう》に吠えました。まるでヤクザ映画に出てくるようなシーンそのままに、若い衆の案内を受け、お城のようなK組長の家の中に入り、トラの敷物の敷いてある豪華な応接室に通されたのです。

待つこと5分、K組長が姿を現しました。私の方には一瞥《いちべつ》もくれることなく、若頭のN氏の方を真っすぐ見たまま、「やあ、久しぶり、中では色々と世話になったね」と労いの言葉をかけました。

若頭のN氏は「こちらは知人の映画会社の人間です」と私を紹介し、「その節は鹿児島のムショで親分に親切にしていただき、ありがとうございました」と挨拶をして、頭をさげました。そして、「実は親分がお持ちになっている勝新の座頭市の映画のフィルムをお譲りいただけないかとお願いに上がりました」と率直に用事を告げたのです。

K組長は、一瞬、間がありましたが、「いいよ、アンタと俺の仲だ、断る理由はないわな」と承諾してくれたのです。

帰路、車の中で「もしあの時、K組長が断ったらどうしましたか?」と若頭のN氏に尋ねると「その時は問答無用であの場で命を貰ったよ。オレのオヤジの組の代紋に恥をかかされて黙っているワケにはいかないからな」と拳銃を入れてある胸のポケットあたりに手をやったのです。

フィルムの買い取り金額など口にすることなく、「男と男の意地がぶつかり合う」命のやり取りの現場に自分がいたことに気づき、鳥肌が立ちました。

076 人に優しい人は幸せだ。沢山の笑顔で生きられるから

その男のアジトには、廃屋のビルの中の迷路のような細い廊下を歩き、途中、厚い鉄の扉を三度も通り抜けなければなりませんでした。

最後の扉を開くと30畳ほどの大きな部屋にその男と2人の若い衆がいました。男は「よく来てくれた」と相好を崩し、とっておきのワインを2本開けてもてなしてくれたのです。

飲むほどに、酔うほどに男は上機嫌になり、饒舌《じょうぜつ》に語りました。

「俺がヒットマンになったのは、母親が死んだのがきっかけだった。女手一つで俺たち5人の子供を育ててくれた母親が突然死んだとの知らせを聞いて、俺は自暴自棄になったんだよ。ヤクザになったのも一日も早く母親にいい思いをさせて親孝行したいという気持ちからだった。その日、親分を隣に乗せて外車を運転し、高速道路を走っていたんだが、どうにも自分をコントロールできなくなって、気

が付いたらアクセルをめいっぱい踏んでいたんだ。エンジンは唸り声をあげて宙を飛ぶような勢いで、250キロのスピードは出ていた。でも隣の親分は腕を組んで目を閉じたまま何もいわないんだよ。お前に命を預けた、というように。

その時、俺はこの親分のためなら命を捨ててもいい、と思ったんだ。命を預けられた恩返しに、俺も命を預けようと決心したというワケだ。それからだよ、ヒットマンになったのは。これまで数えきれない数の相手を手にかけて闇に葬ってきたんだが、どうも警察の方では俺の存在に気が付き、捜査を始めているような気配がある。でも俺は簡単には捕まらないよ、捕まったら死刑になるのは決まっているからね。もし職務質問を警察官に受けたら、その場で相手を撃ち殺して逃げるつもりだ。逃げきれないとわかったら、自分で頭を拳銃で打ち抜き、あの世に行くつもりだ。それがあれだけの命を奪ってきた俺らしい最期のような気がする。

最近では組内でも俺が〝殺し屋〟だということが知れ渡っていて、笑っちゃうようなことがあるんだ。組の親しいいくつかの事務所に顔を出すと、兄弟分が恐

第6章 パンツを脱げない人は、人生を他人事だと思っている

どんな苦しみだって耐えられる。過ぎ去ってしまえば、すべては思い出になるから

怖に引きつったような顔をして出て来て『勘弁してくれ』と土下座をするんだよ。組内ではご法度となっていたシャブの密売の小遣い稼ぎをしていたことがバレて、俺がケジメを取りにやって来たと勘違いをしての命乞いなんだ。『兄弟分、違うんだよ、安心しなよ』というと、急に元気になって『おう、兄弟』なんていうんだからおかしいだろう。だから最近では外に出ないでこの部屋で若い衆と3人で過ごしているんだ」

それから二十数年後、偶然TVのニュースで男が「覚せい剤所持」で警察に逮捕され、警察の車両に連行されるシーンを見ました。

少し太っていましたが、色白の二枚目の男前ぶりは昔のままで、男が生きて逮捕されたことに、何故かホッとしたのでございます。

077 二度ない人生、あの時食べておけば、飲んでおけばよかった、は許されない

「ベルサイユのばら」で一世を風靡《ふうび》した漫画家の池田理代子さまのPVを撮影したことがございます。その頃理代子さまは30代で、日本を代表する人気漫画家で、才色兼備でも知られる存在でした。

かねてからファンの私めのラブコールが実り、1週間のハワイでの撮影が可能となったのです。

美しくも女盛りの憧れの理代子さま相手に、蒼い海、青い空、澄んだ空気の下での夢のような5日間が過ぎていきました。夜の11時を回った時間です。ホテルの私の部屋に、理代子さまから電話がかかってきたのです。「ちょっとお話ししたいことがあるのですが」と電話の向こうから甘く囁《ささや》くような理代子さまの声が聞こえてきました。

では、ということで30分後、ホテルの一階にあるラウンジで待ち合わせをする

ことにしました。「監督になってよかった」とその時、心から思いました。

真夜中の大人の男女の逢瀬です。「こんなタナボタがあるとは」と信じられない気持ちでしたが、お誘いを入れてきたのは理代子さまの方です。ここはいざという時に侮られることのなきように、下着を新しいものに替え、オミヤゲ用に買っておいた白地のアロハを着て約束のラウンジに向かったのです。

道中、エレベーターの中で、理代子さまはどんな体位がお好みだろうかと思いを巡らせました。そしてラウンジに着く短い時間の間に3回戦までのシチュエーションを完全に組み立て終え、最後はバックでフィニッシュすることを決めました。

自分で申し上げるのはなんですが、こうした局面での集中力は将棋の藤井聡太さまを凌ぐものがあると自負しております。

ラウンジに行くと、既に理代子さまが席についてお待ちでした。両肩を出した素敵なドレスをお召しになられていました。テーブルの傍で燃えさかるタイマツの炎が、理代子さまの顔を赤く照らし揺らめいていて、殊の外なまめかしく「燃えているように」見え、いつになく動悸の高まりを覚えたものです。

理代子さまはヤル気だ、今夜は相当の覚悟をして来ているに違いないと確信しました。望むところです。当方とて「AVの帝王」と崇められる存在でございます。斯《か》くなる上は、「朝まで」の奮闘を自らにいい聞かせました。

テーブルの向こうから、私をまっすぐ見据えてくる理代子さまの強く輝く眼差しが「今夜は、シたいだけ何回ヤってもいいのよ」と誘っているように感じられたのです。

「監督さん、私のどんなところがお好きですの?」。理代子さまは勝負の言葉を口にされました。

078
どう思われるか、の生き方を捨てて、楽になりました

今をときめく「ベルばら」の作家であり、知的な美しさをたたえた池田理代子さまから、「私のどんなところがお好きですの?」と尋ねられて真っ先に浮かんだ言葉は「アソコ」でございました。が、当代一の人気者であり美女の誉れ高き理代子さまに、そんな野放図な言葉をいくら何でも申し上げるワケにはいきません。

かろうじて残っていた自制心が作動し、「全部です、大好きです」とお答え申し上げたのです。「全部」とは「あなたをほしい」の意でございます。大好きです、と付け加えたのは「私はアナタの期待を決して裏切らない男です。ご満足いただけるまで朝まで、いくらでも貢献できます」のメッセージを込めた意思表示でした。

「オホホ、嬉しいわ。監督さんにそんなお上手をいっていただけて」と理代子さ

まは大人の余裕を見せられて、艶やかに微笑まれたのです。「いや、お世辞じゃありません。本当です」。理代子さまとは同年代であるのにもかかわらず、もはやポジションは担任の女の先生から課外個人授業を受けている小学5年生の2学期の児童、の心境でございました。

続いたのは「私の太股、どうかしら?」と意表を突く理代子さまの〝センテンス〟です。

直線的、なのでございました。小娘のような「ジラし」のテクニック、小細工が全くないのです。これだからお相手するのは大人の女性に限る、を再確認しました。「だ、だいスキでス」。声がかすれていました。できることならムシャブリつきたいです、との熱き想いに駆られていたからです。

「私の足から太股にかけてのライン……」とクイズミリオネアのような問いかけでございます。間髪を入れず「最高だ、と思います」と申し上げて「ナイスですね」と続ける言葉は胸の中にしまい込みました。

こうした状況下では余計な一言半句が命取りになることを知っていたのです。

寸鉄人を刺すごとくに、最小限のワードが一番効果的なのでございます。熱い眼差しで顔を見つめてくる理代子さまの妖艶な視線に耐えながら、吐く息と吸う息の順番を間違えそうになっていたのです。

初期の過呼吸を発症していたように思います。気分は理代子さまのTバックのパンティに指をかけている状態だったからでした。「そう、大好きだったから、この5日間、いつも私の足からのラインを狙って撮られていたのね」。流石《さすが》、日本一のベストセラー漫画家の一気呵成の言葉責めでございます。「はい、その通りでございます。お代官さま」ともはやお白洲に訴え出た農民の心模様のごときでした。

次にくるのは「それじゃあ、付け根はどうかしら?」でありましょうか。それとも剛速球のストライクボール「ビラビラは?」と来るのでありましょうか。

079

人が1やるところを3、3やるところを10やればいい

池田理代子さまは、まるでこちらを値踏みするように凝視されています。そして今夜のためにひときわ赤く塗ったと思われる濡れた口唇を静かに開かれたのです。この口唇に咥えられることが叶うなら、100日命が縮んでも構いません、アーメン、と心の中で神様にソッと手を合わせました。「嫌いなんです」。理代子さまは唐突に思いがけない言葉を口にされたのです。付け根は、ビラビラは、とはいかないまでも、他の体の部位についての「どんなふうに好きなのか」との具体的なお尋ねがあっていいものを「嫌いなんです」とは身も蓋もないいいようでございました。

まさしく鳩が豆鉄砲を食らったごとくに、返す言葉もなくア然としました。「私、自分の足首から太股のライン、大嫌いなんです」と理代子さまは毅然として申されたのです。

「ど、どうしてでしょう」。あれほど魅惑的でセクシーな足のラインを嫌いだなんて、信じられない気持ちでした。

「私の足首から太股のライン、まっすぐでしょう。自信がないんです。だから嫌い。監督さん、明日からの撮影では私の足首から太股のラインをお撮りになることは絶対にお止めになってくださいよろしいでしょうか」

理代子さまは静かに言葉を紡がれながら、テーブルの上に置かれてあったご注文のブルーの色のハワイアンドリンクのグラスを手になされて、その蠱惑《こわく》的な口唇に運ばれたのでございます。

しかし、ここは正念場でした。ここで引き下がったら何のためにわざわざハワイくんだりまでロケにやって来たかわかりません。明日こそはもっと大胆に、悩殺の下半身ショットを撮るつもりでいたのです。「は、はい、で…でも」と優柔不断な答えではぐらかそうと試みました。が理代子さまはお許しになられることなく直截に「お願い、聞いていただけるのね」と畳みかけてこられたのです。

万事休す、でした。が、リングの端に追い詰められた状況であっても、簡単にタオルを投げ入れるワケにはいきませんでした。「は、はい、し、しかし…」と精一杯の曖昧さで抵抗しました。

「まあ、嬉しい、お約束いただけて…」、役者が一枚上手でした。巴投げを繰り出すごとくに、理代子さまは勝手にファイナルアンサーをなされたのです。そして艶然とした微笑を見せながら、スリットの入ったドレスの割れ目から悩ましいラインを露わにして席を立たれ「監督さん、私の足のラインがどうしてもお好きなら、これから私の部屋にご一緒して、個人的にいくらでもお見せしてもよろしいですのよ」と申されたのでした。

080
人生はオセロゲーム、成功ばかりではありませんが、失敗ばかりでもありません

池田理代子さまからの「私の部屋で個人的にいくらでも」とのお誘いを受けて、私は涙目になっていました。監督という職業に就いて夢にまで見ていた出演有名女性との〝合体〟が叶うことになった、のでございます。

「こんなことがあっていいのか、現実に」と信じられない思いでした。お相手はそんじょそこらの新人女優ではありません。世の中の酸いも甘いもよく心得られた、日本の女流漫画家の中でもその美しさは群を抜いていると評判の「ベルばら」の池田理代子さまなのでございます。涙目になったのは、感動のあまり、つい落涙した、といった方が正しかったと考えます。

しかし、しかし、でした。

金縛りにあったように、体が動かなかったのです。バカ、バカ、でございます。

この期に及んで、何を腑抜けたように椅子に腰を下ろしたままなのだ、とあの時

第6章 パンツを脱げない人は、人生を他人事だと思っている

皆が去り、そして君だけが残った。妻となった乃木真梨子嬢の「捨て身の接吻」

の自分を思い出しただけで余りの意気地ナシぶりが歯がゆくてならず、張り倒したいほどでございます。

が、どんな力が自分をその席から立たせなかったかわかりませんが、ただ口をだらしなく半開きにしたまま池田理代子さまがエレベーターホールに向かわれて行く後ろ姿を見送っていたのでございます。

と、池田理代子さまが歩みを止められ、こちらを振り向かれたのでございます。そしてジッと私の顔に熱い視線を遊ばされたのです。「ハイ、それではご一緒してお部屋で大好きな太股のラインを拝見します、それもジックリと」と申し上げる最後のチャンスでした。

が、ウ〇チをお漏らししてしまった小学生の児童のように、席を立つことができず、ただ荒い息をして座ったままの私めでありました。

「オホホホホ……」

ひときわ高く色めいた池田理代子さまの笑い声が、エレベーターホールに響き渡りました。その笑い声は「意気地がないのね、弱虫さん」といっているように聞こえたのです。

そして、池田理代子さまはそのセクシーな柳腰のラインを揺らしながら、エレベーターの中の人になられたのでございます。

ああ、無情、あの時の自分が今でも許せません。翌日の残りの2日間、私は彼女の望む通り、「足首から太股にかけてのライン」を撮影することはしませんでした。それ以前にもう十分に撮っていたから、でもありましたが、それを許さなかったのは彼女の持つ「人間の気品」でありました。

つまるところ、彼女の「断る力」に、私は屈服したのです。

「断る力」とは相手を惚れさせ、思うがままに操ることができる「人間力」のことでございます。相手を敬い、尊敬することができれば「断る力」を容易に発揮できることを、池田理代子さまの「捨て身」の「私の部屋で個人的に」との「断る力」で学んだ一幕でございました。

081

誰だってギリギリのところで生きています。ゆったり、まったりマイペースで生きることなど許されるのは老人ホームに入居してからです

我が国の芸能史に燦然《さんぜん》と輝く「殺人鬼」といわれた男がいます。男はＮＨＫ紅白歌合戦にも出演経験のある、一世を風靡《ふうび》した流行歌手です。男の名は「克美しげる」といいます。彼の「さすらい」の歌は、私たち団塊世代は誰でも口ずさむことができるほどに知られた、人気の歌でした。「泣いてくれるな、流れの星よ」のフレーズで始まる、甘く切ない哀切のメロディに、何度酔いしれたかしれません。恋を想い、愛する人に焦がれながら、不安定で切ない青春を生きる自分の心象風景に重なり、シビれさせられたのでした。

まさに「さすらい」の歌は青春の蹉跌《さてつ》の真っただ中で咆哮《ほうこう》する自分への「応援歌」でした。

辛い時には自然とこの「さすらい」の歌を口ずさみ、自分を鼓舞した、かけが

えのない愛唱歌だったのです。その「さすらい」の克美しげるが「殺人」を犯したことを知った時の衝撃は、計り知れませんでした。熱烈なファンだっただけに「何故だ」と無念でならなかったのです。

克美しげるが殺人を犯した相手は「結婚を約束していた」とされた女性でした。その女性はソープで働きながら下積み時代の克美しげるを支えたといいます。が、苦節の末にようやく摑んだ「さすらい」のヒットで流行歌手の仲間入りをした男にとって、彼女の存在が重荷となりました。彼女のことが世間に知られたら自分は終わってしまう、と思い詰めた克美しげるは、自分の体を他の男の前で開き一途に貢いで支えてくれたその女性を殺害したのです。

羽田空港の駐車場に停めていた克美しげるの車のトランクから大量の血が流れ出ているのが発見され、公演先の札幌で逮捕されました。

両手錠をかけられ、両脇を刑事に固められた克美しげるが飛行機のタラップから下りてくる姿が、テレビに映し出されました。前手錠でうな垂れているその姿は、それまでのスターの輝きとは程遠い哀れなものでした。

テレビを見ながら、これであの「さすらい」が永遠に封印されてしまうのかと、やりきれない気持ちとなりました。

事件（1976年）から19年後の1995年の頃です。その克美しげるに、知人を介して会いました。

克美しげるは長き懲役を終え、後援者のもとに身を寄せて、歌謡教室で暮らしを立てていました。世間から姿を消して久しい克美しげるでしたが、私の前にいる克美しげるは「さすらい」を高らかに歌い上げるスター「克美しげる」そのものでした。

たとえどんな罪を犯そうと、私にとって克美しげるは不死鳥でした。気が付けば私は克美しげるに熱く語っていました。「もう一度、スポットライトの光を浴びて、あの〝さすらい〟を歌ってほしい」と。

それがあなたの使命だ、と訴えていたのです。

082 人生はお互いさま。水に流してこそ生きていけるんだ

日本の芸能史の汚点といわれた「人殺し」の克美しげるは、再デビューを促す私の説得に静かに耳を傾けていました。それでも「もう自分にはそんな資格はありません」と首を縦に振ることはありませんでした。頑なでした。人殺しとなった身では、こうしてただ生きることを許されているだけで十分だ、との諦観に心が占領されていたのです。

これまで何度か再デビューの話が持ち込まれていたでありましょう。その都度、克美しげるはこうして断わり続けてきたに違いありません。無理もないと思いました。刑期を終えて刑務所から出所してからも、マスコミに執拗に追いかけ回され、晒し者にされていました。被害者となった女性の肉親に無理矢理面会させられ、「人殺し」と面罵されるシーンをテレビに流されたこともありました。「人殺し」に人権など許されなかったのです。

刑務所で罪の償いを終えた後も、殺人犯の男への容赦ない仕打ちが続きました。刑務所の中で、犯した罪の重さに眠れない夜をどれだけ過ごしたでしょう。娑婆に出たら何とか生まれ変わって生きられるのではと、一縷の望みを持って出所しました。が、世間の風は冷たく、更に生き地獄の苦しい日々が待っていたのです。

克美しげるは「殺人犯」として世間の好奇の目にさらされ、このままではそう遠くない将来、確実に壊れてしまう予感がしました。後悔をどれだけしたかしれません。しかし、犯した罪は消えず、心が晴れる日は一日もなかったのです。人を殺す、という行為はとりもなおさず自分自身を殺すことになることをまざまざと知らされていたのです。

しかし、私は諦めませんでした。私とて前科を幾度か重ねた身です。そうした拭い去ることのできない過去を持つ人間でしか届けることのできない人生の歌があると信じていました。運命に弄ばれ、這いつくばった人生を生きた人間でしか歌うことのできない、同じ負け犬の人生を生きる人への応援歌です。

「あなたのために再デビューをしてほしいというのではありません。あなたと同じように取り返しのつかない間違いを犯し、もがいている人に、あの〝さすらい〟を歌って元気づけてやってほしいのです。あなたのような地獄を見た人間にしか歌えない〝人生の応援歌〟を歌ってやってください。少なくともあなたにはそうすることで、運に見放され孤独の淵でのたうち回っている人を元気づける使命がある筈です」と訴えました。

私の話に耳を傾けている克美しげるの瞳がみるみるうちに潤み、涙がこぼれ落ちました。涙がとめどなく流れ落ちたのです。

人間はこれほど大量の涙を流すことができるのか、と驚かされるほどの涙が、克美しげるの頰を濡らしたのです。それはまごうことなき「血の涙」でした。

083 相手がどんな人であろうとも、二度も頭を下げれば理解してくださるものでございます

日本中を震撼させた芸能界初の「殺人犯」克美しげるの芸能界再デビューには周囲にも反対する声がありました。よりによって人殺しの肩を持つとはどういう料簡《りょうけん》だ、というのです。しかし、たった一度の過ちで、その人間の人生を奪う権利など神ならぬ身では誰も持っていないとの信念がありました。

克美しげるには「ああした事件を起こし、筆舌に尽くしがたい経験をした人間でなければ歌えない、魂を揺さぶるようなあなたの歌を待っている人がいる」と説得しました。「不死鳥のように蘇ったあなたと被害を受けた彼女が再び天国で巡り逢えた時に、よくやったと許し褒めてくれるような生き方をしよう」と、背中を押したのです。

「あなたのような、人に感動を与える歌声の持ち主が、ただ後悔の海に沈み泣き濡れていることこそが罪なのです」と訴えました。

やがて、ようやく克美しげるは芸能界で再デビューを果たし、あの「さすらい」を歌うことを決意したのです。人を動かすのは損得勘定ではなく、岩をも動かす熱き情熱なのだ、といいますが「情熱あるものといえども、真にその情熱を寄すべき人に遇《あ》うことは難い」（島崎藤村『新生』）といいます。克美しげるの決意の裏側には、被害にあった天国の彼女の存在があったと今でも信じています。克美しげるの芸能界再スタートの舞台にVシネマを制作し、クライマックスには沖縄海兵隊のエキストラを採用し、戦闘シーンを撮りました。

破格の1億円を超える予算をかけたVシネマの題名は「愛が泣いている〜さすらい」、この作中で克美しげるは、世を忍ぶ過去のある元スター歌手「ギター流しの竜」を演じました。

忘れられない言葉があります。克美しげるに、「ああした事件を起こすまでは大変な葛藤があったのでは」と聞いた時です。彼は「もし殺さなければ、きっと殺されていたと思います」と呟いたのでした。

彼の胸の奥底に横たわる心の闇を一瞬、垣間見たような気がしました。忘れられないシーンがあります。行きつけの馴染みの小料理店の若女将から「もう一度、あなたの魂の歌声を響かせて、救われない人の応援歌を歌ってほしい」とせがまれ、「私にはそんな資格はありません。こうして生きさせていただいているだけでいいんです」と頑なに拒みながらも、滂沱《ぼうだ》の涙を流す場面です。

克美しげるはそのセリフをいった後、カットがかかっても泣き続け、その場に崩れ落ちて号泣したのです。

先日、そのシーンを撮影した歌舞伎町の小料理店の前を通りました。中から天に召された克美しげるのあの歌声が聞こえてくる気がして、ふと見上げれば夜空に流れ星が2つ、見えたのです。

084 墓などいらない。朝日を浴びて、あなたの温かさが懐かしい、と思い出してくれればそれでいい

「やらせろ」と梶原一騎先生の怒号が飛びました。「先生、無理を申されては困ります。私たちは招待を受けてこの壇上の席に座っているのです。どうか大人しくなさってください」と壇上で仁王立ちになっている先生を、元の席にもどそうと必死に押しとどめました。しかし、先生は「この野郎！」と私をその場で投げ倒したのです。

先生は長身で力持ちでしたので、私はひとたまりもなくその場に尻モチをつきました。先生はこの会場に来る途中のバスの中でお気に入りのレミーマルタンを2本、空けていました。さしもの酒豪の先生も立て続けに大量の酒を体に入れたことで自制心を失われていたのです。

場所は台湾、台中の大きな体育館で、そこは日本の国体である「台湾大運動会、空手選手権」が開かれている会場でした。その会場に特別に設けられた貴賓席で

梶原一騎先生とご同行の添野世界空手道連盟館長と、その主だった師範、約10人ほどが試合を観戦している時に突然起こった出来事でした。先生の暴力行為を目の当たりにした会場内の選手や観客席からは、「何事が起こったのだろう」とざわめきが起きました。

会場内のほとんどの人たちが一斉にコチラを凝視しています。

「やらせろ」とはこの大会の優勝者と添野館長が率いていた師範の代表とで、この会場で「他流試合」を「やらせろ」ということでした。

その頃の先生は「巨人の星」や「あしたのジョー」「タイガーマスク」で大ヒットを飛ばし、まさに飛ぶ鳥を落とす勢いでした。「空手バカ一代」が大成功したことから、特に空手には格別な思い入れを持たれていたのです。

しかし、いかに先生といえども台湾の大会優勝者といきなり試合をさせることなど叶わないことでした。そうしたことは泥酔されている先生は別として添野館長をはじめとする同行の皆さんはご承知の筈でした。が、誰一人止めに入ることはありませんでした。全員が私と目を合わせることなくソッポを向いています。

第6章 パンツを脱げない人は、人生を他人事だと思っている

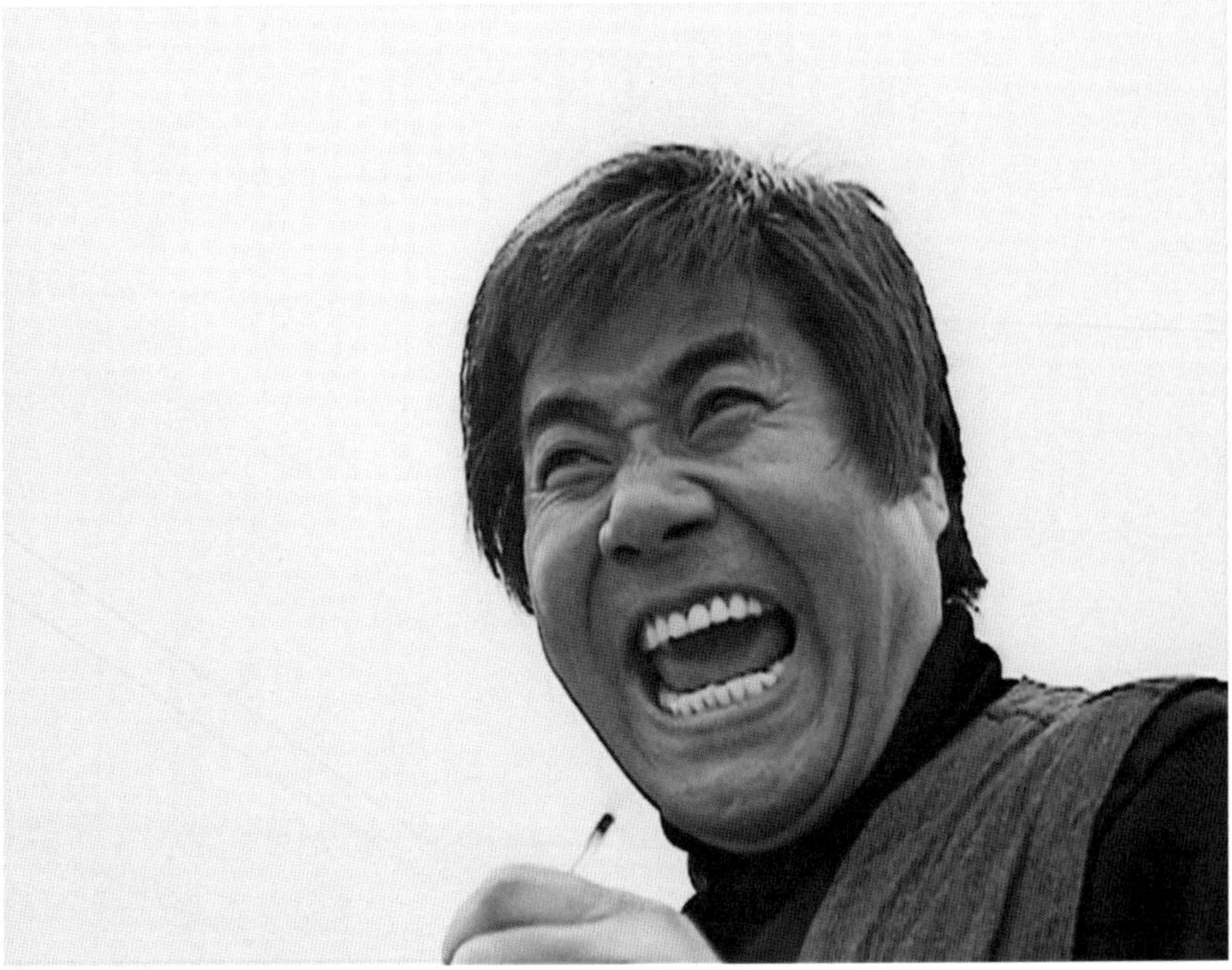

「死んでしまいたい時は下を見ろ、俺がいる」と吠えまくって生きてまいりました

梶原先生は「空手バカ一代」で空手の世界を一躍有名にした恩人でした。梶原先生は絶対の存在だったのです。いくら助けを求められても、その先生に怒りを買うようなことはできない相談だったのです。

そこで一人で闘うことにしました。闘う、といっても腕力では敵いません。ひたすらその場で土下座をして「おやめください」と懇願したのです。

先生は私の顔にグーでパンチを一発放ちました。そして自分の席に戻られ、静かに目を閉じられたのです。

が、このご縁があって先生には親しくしていただくことができました。その後、『タイガーマスク自伝』を発刊させていただき「グーパンチ」の大きな恩恵を賜ることができたのでございます。

085 やらなかったことへの後悔よりも、やった上での後悔の方が得なのは当たり前じゃないか

タレント志願の若い女性に「枕営業」し、事件となって逮捕された30代半ばの東京キー局のＴＶディレクターＤ氏がいました。タレント志願の女の娘にとって、このところ話題の「お笑いレジェンドの枕問題」に見られるように、芸能界では古くから横行していることで、逮捕は珍しいことです。件のＤ氏が逮捕されるまでに至ったのは、「密告」でした。枕（営業）をしてお仕事をいただけるものと信じていたのに、乗り逃げされたことに腹を立てた「犠牲者」がおおそれながらと捜査当局に訴え出たのです。

犠牲者は未成年でした。ただちに乗り逃げのＤ氏は「未成年への淫行」容疑で逮捕され、メディアにも取り上げられ話題となりました。乗り逃げＤ氏は執行猶予となって懲役に行くことからは免れましたが、釈放された身に待っていたのは苛酷な運命です。

離婚を突き付けた奥方は2人の幼な児を引き連れてD氏の元を去りました。局からは懲戒免職の処分を受け退職金も受け取ることができず、ほとんど無一文の状態で放り出されたのです。

寒風吹きすさぶ荒野に着の身着のままで佇むがごとき淫行男D氏が、縁あって訪ねてきました。文字通り裸一貫でやり直したいから、AV男優になりたいというのです。

その志の貴きに感動し、男優として採用、早速、撮影することにしました。が、撮影現場でのD氏は期待ハズレでした。見目麗しきAV女優さまのまばゆいばかりの裸体を前にして、鳴かず飛ばずであったのです。仄聞《そくぶん》するところによればD氏が「テレビ出演」を餌に手籠めにした「芸能人志願の女子」の数は50人に及ぶということでしたが、撮影現場ではその野蛮であるはずの亀頭がすっかりツクシンボウ状態となり縮んでいたのです。

AV女優さまの甘美なる口淫を受けても、下腹部にめり込んだ人見知りの極道チ○ポは引きこもりを決め込み、姿を現すことがありませんでした。仕方がありません。私が代わりに後始末の役割を果たし、辛うじて作品を撮り終えたのでしたが、その後D氏は音信不通となり、姿をくらましたのです。

彼の失敗の原因は「経験不足によるボッキ不全」ということではありません。どんなトップ男優でもはじめは轟沈の憂き目にあうものなのです。が、失敗を糧として諦めずに挑戦するからやがて性交と成功を手にすることができています。

D氏に決定的に不足していたのはすべてを失い死んでしまいたいほどの絶望からなんとしても這い上がってやろうという執念でした。一流大学卒というプライドが邪魔をしたのでしょうか。D氏にはこの「身を捨ててこそ浮かぶ瀬もあれ」の捨て身の覚悟が欠如していたのです。

あのまま挫折することがなかったら、今頃は希代の「悍ましさ満点」のAV男優になれたものをと、残念に思うのです。

第7章

私の辞書には引退という文字はございません

086
人間はただならざる〝欲望〟を秘めているものなんです

その金貸しの会長から金を借りたわけではありませんでした。ひょんな経緯《いきさつ》から私が金を借りたことになったのです。

まだ暴対法が施行されていない時代でした。知人の男が2人の暴力団員のつけ馬を連れて私の事務所にやって来ました。友人は暴力団に殴られたと見えて口唇を赤く腫れ上がらせています。

知人の男は「高利貸しに金を借りたが返せない、なんとか助けてほしい」と頼んできたのです。ここで断れば友人は無事には済まないような気がしました。仕方がありません。「保証人になるから今日のところは友人を放してほしい」と頼み、高利貸しのつけ馬から解放してもらいました。

が、その後知人の男は姿を消して行方知れずになったのです。よくある話ですが、こうなれば借りていたという2千万円を肩代わりするしかないと腹を決めました。

10日ほどしてやって来た件の暴力団員に連れられ、友人の男に金を貸していた金貸しの事務所へ行きました。事務所は東京の一等地に立つ自社ビルの一番上の9階にあり、事務所の中は50畳ほどに広く、中には数種類のトレーニングマシンがありました。事務所の主の「会長」は体を鍛えるのが好きなようでした。

現れた会長は70代で白髪の長い髪をターザンのように後ろに束ねていました。噂では暴力団の親分衆などにも臆することなく金を貸し、返さないと平気で病人の寝ている布団まで持っていってしまうという守銭奴とのことでしたが、目の前にいるのはそうした気配を全く見せない紳士でした。

「アンタが逃げたAの代わりに貸した金を払ってくれることになったんだってな」。会長は大人しい口調でしたが、目は鋭く射るようにこちらを睨んでいます。

「はい。私が返済させていただくことになりました。どうか分割での返済をお願いします」と頭を下げました。「わかった。友達の肩代わりをさせられた気の毒なアンタに免じて分割にしてやる」と言い終わると、近くのトレーニングマシンの置いてある場所に行き、１００キロは超していると思われるバーベルを軽々と持ち上げたのです。60歳を過ぎていながらなんという腕力だと度肝を抜かされました。

「ワシはな、いつ襲われてもいいようにこうして毎日体をいじめているんだよ」と不敵に笑う会長は、さっきまでの仏顔とは打って変わって、時代劇に出てくる「お主も悪よのぅ」の悪党越後屋に変面していたのです。

その後、半年ほど毎月会長を訪ねては分割で金を返し続けました。

その日、突然の用事で会長は不在で、30代の秘書の女性と2人きりになりました。するとその秘書の女性は私に近づき、耳元で囁いたのです。「前から監督さんのファンです。今日は会長がまだ来ないから、内緒のコトを教えてあ・げ・る」と。

087 才能とは、死んでも譲れない自分のスケベ心

会長秘書の女性に耳元で「教えてあげる」と囁かれたとき、最初に頭に浮かんだのは「恥をかきたくない」との気持ちでした。女性秘書は、以前国際線のキャビンアテンダントをしていたということを聞いたことがありました。

国際線の飛行機の中ではこれまでに様々な男たちとの出会いがあり、ただならぬSEX経験を積んできたことが想像されます。いわばオ◯ンコに関しては手練れの者、に違いないのです。

「教えてあげる」と誘われたからには、先様も相当な自信を持たれていることが窺《うかが》えます。いざコトに及んで「さほどでもなかった」との感想を持たれては、エロ事師の沽券に関わるというものです。

この会長室が舞台になるのかと室内を見渡しました。が、座っているソファ以外に、ソレ用の場所が見つかりません。ソファは生憎《あいにく》長椅子ではなく一人掛けのものが4つ、別々に置かれているだけなのです。立ちバックでスタートし、ソフ

アでの対面座位のコースしかないと段取りを定めました。

部屋の主の会長の留守を狙って秘書嬢が誘ってくるぐらいですから、当分の間は戻ってくることはない筈です。

不安が頭を過《よぎ》りました。いかに据え膳食わぬは男の恥といえども、会長秘書嬢が魅力的すぎたのです。秘書嬢は今日においての女優の松嶋菜々子さま似の美形でした。スタイルも申し分なく、そのタイトスカートをまくり上げ、一人掛けのソファに両手をつかせ、背後から思い切りバックの突きを放てば、どれほどエロティックなパノラマを目の当たりにすることになるだろうと妄想するだけで股間のイチモツが先走り液をほとばしらせる気配でした。

立ちバックの前にトイレに入り、早漏防止にお先に一発抜いてからにすればいい、と昂《たかぶ》る心にいい聞かせました。齢の頃なら30半ばのまさにイタし盛りの松嶋菜々子さま似の秘書嬢の体から、香水の甘い香りが周囲に漂っています。

彼女とて世間に聞こえしエロ事師の正体はいかなるものか、との探求心を抱かれていたのでございましょう。女と生まれたからには、その性愛の奥義を極めてみたい、の野心は当然のことでございます。淫らでも恥知らずでもなんでもなく、健全な欲望でございます。

機は熟しました。しからばまずは前さばきのトイレへと、立ち上がろうとした時でした。秘書嬢は私の肩に手をかけ、立ち上がるのを押しとどめたのでございます。「コンドームはいらないわよ。今日は安全日だから、ナマで挿れていいんだから。中に出してもいいのよ」と極上の言葉を賜るものかと秘書嬢の顔を凝視しました。

会長秘書嬢は肉厚な口唇を持っていました。それはまるでホタテのメスが宿しているタマゴのようにプックラとしてセクシーなのでした。その口唇からどんな言葉が吐き出されるのかしらん、と息を止めて注視したのです。「抱いて」それとも「しゃぶらせて」、あるいは「顔にかけてもいいのよ」のどれであろうかと妄想が膨らみました。

が、秘書嬢の口から出た言葉は、まさかと目を剝くほどの、思いがけない驚くべき内容のものだったのです。

088

借金なんて借りている方が苦しいなんていったらバチが当たるよね

「気をつけてよ」の会長秘書嬢の第一声を、それは「私のアソコは締めすぎるから気をつけて」といったように受け取りました。ユルユルだろうが、締めます締めます山手線、であろうが、私はエロ事師です、どのような器にも対応できる〝スライムのごとき〟変幻自在さを身上としています。

慌てず騒がず、聞くに及ばずと大きく頷いたものです。秘書嬢は「会長はね、エレベーターの中に内緒で盗聴器を仕掛けているの。やって来るお客の様子をそれで探っているのよ。だから滅多なことがあってもエレベーターの中では絶対に会長の悪口をいっては駄目よ、盗聴器があるのを知らないで会長の悪口をいったせいで、借りていたお金を全部引き上げられて倒産した会社もあるんだから」と語られたのでした。

背筋に悪寒が走りました。

第7章 私の辞書には引退という文字はございません

いつも手で表現を怠らない、真面目で誠実なエロバカ大将

その日以降、私は会長のいる9階に向かうエレベーターに乗ると、「天国の父ちゃん、母ちゃん、今から会いに行く会長さんは仏様のように親切でいい人なんだ。命の恩人の会長がこれからもお元気で長生きされて、商売が大繁盛するように見守っていてよ。俺も会長に恩返しできるようにこれからも命がけで頑張るから」

アカデミー賞俳優になったつもりで大きな声を出し、演技を続けたのです。

エレベーターを降りて会長の部屋に入って行くと、気のせいか会長はこれまでになく上機嫌でした。命の恩人とまで慕われては、悪い気がする筈がありません。

「アンタは誠意のある人間だよな。自分が借りたわけでもない金をこうして毎月真面目に届けてくれるのだから、感心するよ。もし金が必要だったらいつでもいっておいで。応援するつもりだから」

会長はまるで男が男に惚れるような熱い眼差しで私を見つめるのでした。

会長の後ろには件の秘書嬢が控えていましたが、何事もなかったようにすました顔をしています。

帰りのエレベーターの中でもひと芝居を続けました。「どうだい、天国の父ちゃん、母ちゃん。見ていてくれたよね？　会長は本当にいい人だったでしょう？今まで生きてきて初めて尊敬できる人物にようやく会えたよ」と。

そんな小芝居が半年ほど続き、思わぬ事件が起きたのです。

089

大儲けをしてみればいい、尊敬など決してされないから

「事件」とは、金貸しの会長が人を刺したのです。

相手は暴力団の組員でした。普通ならば「あくどい取り立てをする」と悪評高い会長が刺される側でしたが、実際は逆に会長が暴力団の組員を刺したのでした。

事件のあらましは次のようなものでした。

有力暴力団の組長が会長からお金を借りました。それも5億円という大金で、金利も月に1割という、世間の常識から見たらベラボーなものでした。金を借りていた組長は、運悪くエレベーターの中に盗聴器が仕掛けられているのを知らずに「あの野郎、タダじゃおかない」と同行していた組員に話したのです。

会長の前では「神様、仏様」と拝んでいても、腹の中では「鬼、畜生」と恨んでいるのがお客の心情です。そんなことは金貸し一代で東京のド真ん中に自社ビルを建てた会長は先刻〝承知之介〟の話でございました。が、この時、会長は折

悪く不機嫌でした。さっきまでは目の前で「命の恩人」と米つきバッタをしていたクセに、と組長への憎しみの感情を持ったのです。1週間後、会長は組長に電話をかけて「5億円の元金を一度戻してくれたら、今度は15億円までお金を用立てる」と持ち掛けたのでした。

毎月金利の1割の5000万円を払うのにもあくせくしていた組長は「15億を融通してくれる」と聞いて狂喜乱舞しました。義理だ人情だといってみても、所詮、金がなければ義理もままならないのが渡世の世界です。

15億円の金を手に入れることができたらどれだけ稼業がやりやすくなるか、と組長は舞い上がりました。借りていた5億円を兄弟分やタニマチの間を走りまわって工面し、ハイこの通りです、よろしくお願いします、と会長の元に届けたのです。

会長はエビス顔で受け取り、明後日に15億円は用意しておくから取りに来るようにと組長と固い握手を交わしました。組長が約束の明後日に会長に会いに行くと、秘書嬢から「会長は韓国の親戚に会いに行ったきり連絡がとれなくなりました」と伝えられたのです。組長とて数多くの修羅場をくぐり抜けてきた極道でございます、この時、15億円の金を餌に上手に5億円を回収されたことを悟ったのでした。

金を貸してくれた兄弟分やタニマチの顔が浮かびました。中には自分は手元にないからと手形を切って協力してくれた人間もいました。それらの恩ある人たちに何といって詫びを入れたら、と面目なさにいてもたってもいられませんでした。借りた金を返せないことで中には住んでいる家を他人に召し上げられる恐れのある者もいました。組長は、仕方がないと腹を括ったのです。

ご先祖さまの墓参りに行き、その墓前でコメカミに銃口を突き付け放ち、自ら命を絶ちました。

090 死んでしまいたいような苦しみ、生き地獄を乗り越えたら死ぬ時は大分楽だろう、と頑張る日々

組長が拳銃自殺を遂げた前日の午後、実はその組長と麻布十番の喫茶店で会っていました。偶然馴染みの店に立ち寄ったら、組長がいたのです。「おう、監督、元気か」と組長が声をかけてきました。以前からこの喫茶店で会う度に世間話をする仲でしたので、「お陰で元気でやっています」と挨拶をしました。

組長はヤクザ稼業の人間とは思えないほど穏やかな人柄でした。こんなに優しい人間が、どういう経緯でヤクザ稼業に入ったのだろうと、不思議に思う程でした。組長の前のテーブルの席に、組違いの粗暴で知られるヤクザが座っていました。この凶暴を売りモノにしている男とも顔見知りでしたが、親しく言葉を交わしたことはありませんでした。

男はこの喫茶店の常連客でした。かかわり合いを持ったらトラブルに巻き込ま

れそうな気がして、できるだけかかわらないようにしていたのです。

2人の間には人を寄せ付けない、ただならぬ雰囲気が流れていました。組長のいつにない生気のない表情が気になりましたが、とばっちりを喰わないようにと一番離れた場所の席に腰をおろしたのです。

組長が死んでからしばらくして、件のヤクザと同じ喫茶店で会ったことがありました。その時、男は私に「あの野郎は俺が用立ててやった金を返さずに自分勝手に死にやがった。お前が喫茶店に来たあの時は、〝用立てた金を返せないなら借りてきた先に俺が指を詰めて詫びを入れなきゃならない。お前が死んでくれたら何とか俺も助かる。金を返せないのなら、頼むから死んでくれ〟とケジメをとっていたんだよ。見えなかっただろうが、テーブルの下で野郎の足を何十回も蹴り上げてね。最後はこの店を出て行く時に、野郎は歩けないくらいに足を痛めていたよ。でも本当に死ぬとは思わなかったがね。お陰で金主先に指を詰めなくても済んだけどな」と不気味な笑いを浮かべたのです。

なんという人間だ、と嫌悪感に襲われました。人を死に至るまで追い込んでいながら得意げに語っているとは、人間の皮を被ったケダモノだ、とヘドが出る思いがしたのですが、この男もそれから2年後、同じ組内の人間に同じ喫茶店にいるところを襲われ、撃ち殺されました。

男は、それまで所属していた組から不祥事を起こして破門になったのでしたが、敵対している関西の組の傘下に入り、東京にその支部を開く動きをしたのです。

面子を潰された所属していた組から、ヒットマンが送り込まれ、常連だったその喫茶店で白昼堂々暗殺されたのです。男が血まみれになって絶命したその場所は、自殺を遂げた組長を足で蹴り上げ、いたぶっていた席でした。

091 「ハダカで生まれてきたんだから、ハダカで死んでいけばいいんです」

高利貸しに金を借り首が回らなくなった組長を、情け容赦なく自殺に追い込んだ凶悪なヤクザが、所属していた組に反旗を翻し、組から送り込まれたヒットマンに殺されるという顚末となったのですが、この因果応報の物語はここで終わりません。ヒットマンを飛ばして殺害を命じた組長もまたその後、敵対する組に襲われ、経営していた焼肉店の前でマシンガンでハチの巣にされ殺されたのです。因果は巡るといいますが、このヤクザ稼業の宿痾《しゅくあ》ともいえる「殺害の輪」を目の当たりにして、なんともいえない気持ちになりました。

金貸しの会長が暴力団員を刺した事件のことですが、刺されたのは会長の裏切りによって自殺した組長の若い衆でした。生前、組長は金貸しの会長の機嫌をとるために、時に会長の故郷の韓国から日本のＮＨＫの紅白歌合戦に出場したことのある有名歌手を招待し、ホテルを貸し切り、盛大な誕生日パーティーを開いて

第7章 私の辞書には引退という文字はございません

人生百年の時代、生涯現役。自分のゴールはバタっと倒れる時まで走り続けて参ります

いました。

下心があったにせよ、組長はそれなりに会長に尽くしていたのです。にもかかわらず、会長はいとも簡単に組長を切り捨て、死に追いやったのでした。組長付きでいつも一緒だった若い衆は会長から高利の金を借り、苦労していた組長が気の毒でなりませんでした。そして親の仇と、会長が事務所に入るのを待ち構え、親分への供養のドスを切りつけたのです。

が、日頃体を鍛えていた会長の返り討ちにあい、若い衆は反対に腹を刺されて重傷を負いました。会長は逮捕され裁判にかけられました。正当防衛とはいえ、過剰防衛ではないかとの疑いを持たれたのです。初公判で罪状認否が終わると、会長は保釈されました。年齢と、相当の資産があることが考慮されたのです。

保釈されるとすぐに会長は故郷の韓国に旅立ちました。そしてそれっきり消息を絶ったのです。

エレベーターに盗聴器が仕掛けられていることを教えてくれた元ＣＡの秘書嬢が気がかりでした。できるならもう一度お会いして、「あの時のこと」のお礼を申し上げたいと思っていたからです。

事情通によれば、彼女が会長のところで働くようになったのは、「株屋」だった亭主の保証人になっていたからでした。株屋の亭主は相場に失敗し、多額の借金を残したまま夜逃げしました。が、最後は自殺名所の岸壁の下で屍体となって発見されています。責任をとるように迫られて、彼女は会長秘書の仕事をするようになったといいます。噂では韓国に保釈逃亡した会長に代わり、日本の財産の処分を任されていたのですが、その大部分の換金した金を手にしたまま、姿をくらまし、行方知れずとなったとのことです。これまで沢山の人の助けを借りて生きてきた人生ですが、彼女は忘れてはならない恩人の一人となっています。

092 明日のことを考えるから気が塞ぐのです。まずは今日一日だけ、明るく生きることを心がけてください

一晩に3000万円のディナーショーをやる「○○の裕次郎」といわれる男がいました。「○○」とは男の住んでいる街の名前で、裕次郎といわれる所以は、容貌がかの石原裕次郎に「少し」似ているからでもありましたが、裕次郎の歌を歌うのが三度の飯より好きなことから付けられたニックネームでした。

男はその「○○」地方では大理石のビジネスで成功し、5階建ての自社ビルも大理石で建てていました。知人に紹介されそこを訪れると、3階の応接間に通されたのです。周囲を白い大理石で埋め尽くされたその部屋はカラオケルームにもなっていて、スイッチを入れると室内の照明が消え、天井からミラーボールが降り、スモークが焚かれ、マイクを持つ男にスポットライトが当たり、石原裕次郎の曲が流れました。男は裕次郎になりきり、頼んでもいないのに立て続けに5曲

も歌を歌ったのです。〝病膏肓《やまいこうもう》に入《い》る〟とはこのことかと恐れ入ったのですが、男から「今夜、年に一度のワンマンショーを開催するから」と招待を受けたのです。

場所は近所の公民館で、行ってみると会場は３００人ほどの男女のお客で超満員となっておりました。ディナーショーといっても出されたのはお客それぞれに缶ジュースと良さげな折箱弁当が配られただけでした。７人編成の生バンドをバックにマイクを持って歌う男の雰囲気は本物に「少し」似ていましたが、歌の方は今一つの感が拭えませんでした。

案の定、お客の中で義理にも耳を傾けている者は誰一人おらず、それぞれが弁当を食べて談笑したり、持ち込んだ酒を酌み交わしたりで、勝手な時間を過ごしているのでした。が、件の「○○の裕次郎」はそうした観客の反応などには全く気にする気配を見せず、陶然として歌い続けたのです。

様相が一変したのは１曲歌い終わって抽選会が始まった時でした。観客と、あらかじめ配られた抽選券との真剣な「にらめっこ」がスタートしたのです。

当選番号が発表されると、当選したお客は勇躍ステージに上がり、「○○の裕次郎」から賞品の電子レンジやカラーテレビ、自転車、ハワイペア旅行券を受け取り満面の笑顔を見せました。10人ほどの当選者に賞品が渡されると、また「○○の裕次郎」の歌が始まり、その途端にお客は我関せずとソッポを向く、といった風景がエンドレスで続いたのです。4時間近くのディナーショーでしたが、途中で帰るお客はおりませんでした。何故ならそれまでの当たりハズレに関係なく、最後に人気の自家用車のスペシャルプレゼントタイムが待っていたからです。

ご来場のお客のほとんどが何かしらの賞品を手にして喜色満面で帰った後、誰もいなくなった会場で「この日のために一年間一生懸命働いてきました」とご満悦の表情で語られた「○○の裕次郎」です。

一晩に3000万円のディナーショーをやる男のお話でございました。

093 何も怯えることはありません。海より大きなクジラ、山より大きなイノシシが出てくることはないのですから

その白髪の老人とは銀座の一流クラブで会いました。必要な資金をいくらでも融通してくれる大物がいるとの友人の紹介です。老人は着物を着て、顎に白髭を伸ばした、明治の偉人のような風貌をしていました。眼光鋭く威圧してくる雰囲気にたじろぎましたが、立ち上げた衛星放送の事業を軌道に乗せるためにはと、藁《わら》にも縋《すが》る思いでした。

伊藤博文公似のその老人は「いくら必要なのか」と単刀直入に聞いてきました。ここが正念場と「10億円、お願いしたいんです」と率直に答えると、伊藤博文公は「嘘を言うんじゃない」と怒鳴り声を上げたのです。

「ワシの見るところでは、お前さんが手掛けているという衛星放送の事業をやり遂げるにはあと30億円、否、40億円は必要だろう。どうだ、違うか」と私を睨ん

だのです。

私は即座にその場で土下座をして「その通りです。40億円、お願いします」と顔を床の上につけて叫びました。やや間があって「よし、わかった、その40億円、ワシが用意してやる。その金があったら本当にお前の衛星放送事業を成功させることができるのだな」と老人はドスのきいた声で念を押してきたのです。

「嘘じゃありません、そのお金さえあれば必ず衛星放送事業を成功させてご恩返しをさせていただきます。どうかよろしくお願いします」。一心不乱となって、ひたすら額を床にこすり続けながら懇願しました。

すると老人は急に優しい口調となり、「わかったよ、お前さんのその情熱に免じて協力してやるよ。その代わり命がけでやり遂げるんだよ」との情けの言葉をかけてくれたのです。衛星放送事業をはじめてから2カ月、資金繰りに窮し、地獄のような日々を過ごしていました。ここでようやく「地獄に仏」と逢うことができたかと思うと、目頭が熱くなり、思わず涙がこぼれ落ち、額をつけていたクラブの絨毯を濡らしていました。

「さあ、もう心配ないから顔を上げて乾杯しようじゃないか。ワシがお前さんの後ろ盾になったからもう怖いモノはなしだ。大船に乗ったつもりで、今夜は思い切り酔っぱらってもいいぞ」との老人の励ます言葉が心に染み入りました。

命拾いをした、今夜は厄落としに酔い潰れるまで飲もうと、グラスに注がれた高級ウイスキーを飲み干したのです。老人は酒にも強く健啖家でもありました。「食べないと飲めないクチでね」と老人は運ばせた豪華なオードブルのセットのキャビアを口いっぱいに頬張り、豪快に笑い飛ばされたのです。

その夜のクラブの会計は１００万円を超えていましたが、40億円が入ると思うと少しも高く感じませんでした。

翌朝9時、老人に指定された大手町のD銀行本店の前に行くと約束通り老人が昨晩と同じ着物姿で杖をつきながら現れたのです。

094 自分にへつらう者は敵で、叱る者は先生

老人は私に向かい「ここで待っていなさい」といい捨て、杖の音を「カツーン、カツーン」と響かせながら、D銀行本店の中に入って行きました。その威風堂々たる立ち居振る舞いに、入り口の警備員も最敬礼して迎え入れたのです。それから10分ほど経ち、老人は現れ「頭取が急に大蔵省に呼ばれたというんで会えんかったが、来週の約束を取り付けたから、今日のところは帰ろう」というのでした。

その夜、再び老人を銀座のクラブに招待し、宴を催しました。前夜と同じ料金の100万円は、これも先行投資と考えれば少しも惜しいとは思いませんでした。するとと老人が別れ際に「明日は向島に」というのでした。

翌日、老人のご要望通り、向島の料亭で芸者遊びをしました。するとその夜の別れ際に、今度は「神楽坂にも」と申されたのです。これも40億円が手に入るまでの辛抱と、歯を食いしばって老人のご希望に応え、翌日も神楽坂の料亭で芸者遊びに興じました。

その次の日の昼頃です。神楽坂に詳しいということで、前夜一緒に老人との遊びに同行を頼んだ友人が血相を変えて私の事務所にやって来たのです。「あの野郎はトンデモナイ嘘つきだ。昨晩タクシーで送った後に後ろをついて行ったら、中野の木造ボロアパートに入っていったんだよ。何が大物だ、40億円は任せておけ、だ、詐欺師だよ」と色をなして怒るのでした。

その夜、老人を件の銀座のクラブに誘い出し問い詰めると、「本性を現しやがったな」と怒りの声を上げたのです。「そんなことだろうと思って、尾行をされているのがわかったから、わざわざボロアパートに入って見せたんだよ。ワシはお前さんを信用し、40億円の金を出してやろうとしたのに、よくもコケにしやがったな」と顔をダルマのように真っ赤にして怒鳴ったのです。

私は即座にその場に土下座をして、「申し訳ありません、許してください」と白旗を上げたのですが、一緒にいた友人は「バカらしい」と捨て台詞を吐いて、店から出て行きました。

その夜、老人のご機嫌をとろうと、米つきバッタとなり男芸者を続けたのです。

未練でした。帰りには老人の袖の下に「「お食事代です」と20万円の札束をネジ込みました。老人は目を細め「出してやるから心配するな」との頼もしい言葉を残し、タクシーの人となったのです。

私は老人が乗ったタクシーの尾灯が遠く見えなくなるまで頭を深く垂れ、見送ったのでしたが、それっきり老人の消息は絶えました。それからしばらくして、です。老人が銀座界隈では有名な「出す出すジジイ」であることを知ったのは…。

095
1ミリだけ好きなら十分だ。やがて頭の中で1ミリを100ミリにして楽しむから。スポーツや勉強だってそう

最初、彼女から「銀行強盗を計画している」との告白を受けた時は驚きました。知り合いの女性に銀行強盗を働くことを打ち明けられて狼狽《うろた》えない男はこの世にいないのではと思うのですが、私の驚きは慄《おのの》きでもありました。何故なら、彼女の過去を考えると、実際に実行しかねないと考えたからです。

彼女はまだ30歳になったばかりの、女優の佐久間良子さま似の美形でした。Vシネマにも何本か主演で出演した実績があり、その他のTVドラマにも顔を出し、それなりの人気女優でしたが、彼女にはもう一つ裏がありました。スポンサーが半端な人物ではなかったことです。西日本の故郷の短大を卒業し、女優を目指して上京し、劇団で修業を重ねている時、偶然顔を出した原宿のブティックで声をかけてきたのが、日本を代表するプロゴルファーのOでした。

Oの熱烈なアプローチにたちまち19番ホールの「ホールインワン」となり、彼女は愛人となったのです。

が、2人の蜜月はそう長くは続きませんでした。度を越したギャンブル好きのせいでOは破産寸前に追い込まれたのです。助け船を出したのはOの通っていた闇カジノのオーナーのIでした。

Iはかねてから彼女に好意を抱いていて、闇カジノの借金9億円をチャラにする代わりに彼女を自分に差し出せと迫ったのです。Oは涙ながらに「助けてほしい」と彼女に懇願しました。一度は惚れた男の頼みであれば仕方がありません。乞われるままにIのもとに身を寄せることにしたのです。

Iはまた全国で知られた暴力団の組長でありました。身請けした彼女には好き放題の贅沢をさせ、可愛がりました。全国を飛び回る身ではなかなか逢瀬の時間を工面することも困難でしたが、会えばたった10分のデートでも毎回1000万円のブロックの束を彼女にプレゼントして尽くしたのです。

Iとの「密接交遊」の関係が続き、気が付けば彼女の手元には二十数億円のお金が貯まった頃でした。Ｉが突然病に倒れ、逝きました。二回り以上も年上のＩでしたが、心から愛し始めていた彼女は悲嘆に暮れました。

その悲しみの淵に沈んでいた彼女に悪党が襲い掛かったのです。組長の右腕だった男が「米国の世界的化粧品メーカーが、日本の総代理店を探している」との儲け話を持ち込んできたのでした。

「代理店の契約金は50億円だが、半分は自分が用意するから残りの半分を出さないか」との彼女のフトコロ具合を熟知した上での甘い誘惑でした。あの人の右腕だった男の話なら、と信じた彼女は有り金全部の二十数億円を男に託しましたが、男はその金を銀行に振り込ませた途端、姿をくらまし行方知らずとなったのです。

それからしばらくして私を訪ねてきた彼女から、「近いうちに銀行強盗をする」との決意を打ち明けられたのでした。

096

守銭奴ほど本人の思いとは違って人生を貧相にして犠牲にする欲はない

彼女が並外れて度胸がいいことは、日本を代表するプロゴルファーや、ヤクザの組長の愛人を務めてきたことで承知していました。その彼女が銀行強盗をするというのですから、本当に実際にやるのではないか、と恐怖心を抱いたのです。彼女の性格はこれと思ったら少々の反対があってもやり通す、一本気なところがあったから尚更です。

「狙った銀行には内部に仲間が1人いるの。その人間から銀行の状況はすべて教えられ、把握しているから失敗することは絶対にない」と自信満々なのでした。仲間は内部の銀行員を含め全員で5人、この数カ月毎週のように集まり計画を練り上げてきたので、ようやく近いうちに実行することになる、と覚悟の程を語るのでした。

「そうすればあなたにも楽をさせてあげる」と優しさを見せる彼女の言葉をあり

がたく賜りながら「ひょっとしたら上手くいって甘い汁を吸えるかも」との妄想に駆られたことは苦い思い出です。

その頃、倒産し、50億円の借金を返済途中で、手元不如意で呻吟《しんぎん》していたからです。

が、一方でそんなに上手くいくわけない、と冷静に見ている自分がいました。このまま黙っていて彼女に銀行強盗を強行されたら共犯者の一人にされかねない、との危惧を抱いたのです。「あなたたちは万全だとタカを括っているけれど、銀行の警備員はどうする、警察上がりだったら命がけで抵抗してくると思うよ。その時、相手を殺してでもしようものなら強盗殺人で死刑は間違いない。そんな危険をおかしてまで本当にやる勇気があるのか」と咎めたのです。

すると、彼女はギョッとした反応を見せました。命がけで反抗してくる警備員の反撃などは想像の外だったようです。「明日、また集まりがあるから仲間と相談してみる」と深刻な表情を見せた彼女でした。1週間後、彼女に会うと「あなたの言う通り、万が一のことを考えて止めることにした」とあっさり銀行強盗計画を放棄したことを語るのでした。

その後彼女は、私が新しく起業したＡＶビデオ会社の営業を担い、働きましたが、「自分もＡＶに出演するから前金が欲しい」との申し出を受け、工面した300万円を渡すと翌日行方知れずとなったのです。

それからしばらくして、都内に5店舗を経営する老舗ビデオ販売店の経営者から「あの女の営業はトンデモナイ」とのクレームが入りました。承れば「営業に来た際、店の店長をやっていた自分の息子を誑《たら》し込み、溺れさせた挙句、貢がせ、金が尽きたと見切ったらポイ捨てして姿をくらました。お陰で息子は心療内科に通うほどに心が病んでしまった、どうしてくれる」とのことなのでした。

平身低頭してお詫びしましたが、その後「一切、取引停止」の罰を受けたのです。

俗にいう「小悪魔のようなオンナ」とは他人の財布は自分のもの、の小悪党でありました。

097 嘆くまい、倒産して行方知れずになった友を思えば何の不足があるものか

「監督、申し訳ないことになったよ」との電話がかかってきました。電話の声の主はその頃資金繰りの金を用立ててもらっていた高利貸しです。10日に1割という高額な金利を取られていました。なんとか会社を生きながらえさせねばならないと必死だった私は、溺れる者は藁《わら》をも掴む心境で、この高利貸しから金を借りていたのです。

丁度その日は数日前に返済した3000万円を再び貸してもらう約束になっていました。もうすぐお昼になろうという時刻でした。もうそろそろ金を借りに行く約束の午後2時が迫っていました。

そんな時、突然「申し訳ない」との詫びる言葉を電話で受けたのです。「監督に貸す予定になっていた3000万円だが、貸せなくなっちゃったんだよ。今、俺の目の前にいる鈴木という小僧が、今日返す約束で貸していた金を急に返せな

くなったっていうんだよ。だから悪いんだけど今日の3000万円は諦めてくれないか」というのでした。

3000万円もの金を貸してくれるアテは他にありませんでした。「社長、無理ですよ、なんとかしてもらえませんか。今日その3000万円の金が3時までになければ、私の会社は不渡りを出してしまいます」と訴えました。

すると高利貸しの社長は「ホラ鈴木、天下の村西監督がお前のせいで会社を潰さなければならないといっているんだよ。この野郎！　お前はどう責任をとるつもりなんだ。俺だけならまだしも、天下の村西監督にこんな迷惑をかけるなんて、テメエ許さねえぞ」と怒鳴るのでした。

そして、〃鈴木〃とやらの顔を殴る音が電話口に響いてきたのです。

「社長、暴力はやめてくださいよ、私のために警察沙汰になったら、それこそ大変なことになりますから」と社長を戒め、「社長が駄目なら他の知り合いのところを紹介していただけないでしょうか」と頼みました。

社長は、「そうだな、俺のせいで監督の会社が倒れたんじゃあ、面目が立たないもんな。知り合いに俺が頼めば3000万円ぐらいはすぐ都合をつけてくれる男がいるんだが、金利が高くてね。本当はその男の金は使ってほしくないんだが、会社を潰すワケにはいかないから、協力するよ」というのでした。

すべては社長の一人芝居であることはわかっていました。が、わかっていても断るわけにはいかない、必要な金でした。

こうして約束の時間の午後2時に社長の会社に行き、3000万円の借用書と引きかえに、〝本当の金主〟という男に届ける1割5分の金利に加え、社長にお礼の5分の、計6百万円を払い、正味2400万円を手にしたのです。

守銭奴は、狙いを定めた獲物から、あの手この手で情け容赦なく骨の髄までムシリ取るのでした。

098 ギャフンといわせる最善の方法は、「無関心」の鍛錬をすることです

彼女とは知人の男の紹介で出会いました。「全米のアダルトフェアの日本開催の権利を持っている女性がいる。是非、力になってほしい」というのです。

どれだけ力になれるかわかりませんでしたが、とりあえず話を聞くことにしました。やって来たのはメタボの、かつての4代目朝潮関によく似た40代女性でした。副社長と専務という30代の青年を2人、まるで水戸黄門の助さん、格さんのように従えています。お相撲さんのご面相の彼女は、「女だてらにと思われるかもしれませんが、女だからこそ男の社会のアダルトの世界で仕事をしてみたいのです。その結果、アダルトに抱いている世間の偏見が是正されると思うんです」と真剣な表情で宣うのでした。

その心意気やヨシ、と協力することにしました。知り合いの10社ほどのAVメーカーやアダルトグッズの会社に声をかけ、参加してもらうことにしたのです。

開催を3日後に控えた夜の8時頃でした。彼女から電話がかかってきました。電話の向こうで彼女は突然「死にたい」というのです。「どうして」と尋ねると「幕張のイベント会場の使用料を、明日の午前中に払わなければ会場を借りることができなくなった」と涙声です。

協賛してくれた10社はそれぞれ数百万円単位の参加費用と施設費を既に支払っていました。ここで「中止」となれば紹介者である私の責任問題になります。「死にたい」のはコッチの方だ、と怒鳴りたい気持ちをグッと抑えて「いくら必要なのか?」と金額を尋ねました。

すると「8000万円」との答えが返ってきたのです。「少し考えてみる」と伝えて電話を切りました。ビニ本時代から30年近く付き合いのある日本最大の「大人のおもちゃ」の問屋の経営者がいました。彼も快く協力してくれ、自分の会社のブースの出展を約束してくれていました。

その彼に電話して事情を話し、「8000万円を貸してほしい」と頼み込みました。持つべきものは友達です。「監督から頼まれたら嫌とは言えない」と翌日午前中に主催者の彼女の会社の銀行口座に８０００万円を振り込んでくれたのです。

盛況のうちに無事イベントは終了しましたが、彼女は音信不通となりました。彼女の会社に行ってみると社員が「ウチの会社は今日で倒産しました」と荷物を外に運び出している最中でした。社員に、副社長と専務の行方を尋ねると２人の男も、社長の彼女と一緒に逃亡したというのです。更に驚いたことには、３人は同居していて、共に情夫として女朝潮関の彼女とは男女関係にあったということでした。

それから1年後、逃亡先のハワイから帰国した成田空港で3人は御用となりました。容疑は他からも数億円のお金を詐取していた詐欺容疑です。報道によればなんと彼女はその筋では有名な女詐欺師、とのことでした。

099 悪口など聞き流していればいい

世界の95％の「大人のオモチャ」生産国となりし中国、その黎明期の2000年代初頭の頃、上海で「大人のオモチャ国際見本市」が開催されました。ご招待を受け、日本からAV女優さまを引き連れ、ステージで踊りのパフォーマンスをご披露したのでしたが、観客は初めて身近で見た憧れの日本のAV女優に大興奮し、どよめきで会場が揺れるほどでした。

踊りをご開帳したAV女優はストリップの舞台にも立つセクシーダンスの巧者でしたが、その一挙手一投足に会場は狂喜乱舞したのです。

生まれて此の方、ビキニの女性から満面の笑顔で見つめられ、イタしているみたいな体の動きの様をナマで目撃するのは初めての経験だったのでしょう。中には股間に手をやり激しくコスっている青年なども見受けられます。場所柄をわきまえない行為は50年も前のピンク映画での私のソレでした。

中国人民の皆さまは開国以来ようやくして貧富の差、分け隔てなく氏素性に関係なく、等しく娯楽を楽しむ刻を迎えたのでした。

それぞれの表情に心からの「毛沢東バンザイ」の歓喜が宿っていました。300人が入れば満員の会場に1000人が押しかけています。熱気に煽られ酸欠状態になりかけていました。ダンスの後は通訳氏を通しての質問タイムとなりました。最初の質問者のネクタイを締めたサラリーマン風の青年は「初体験は?」と聞いてきました。お国柄は違っても男の持つ興味の第一は同じでした。

ステージのAV女優は「12歳の時、祖父のお葬式の夜、町内会の副会長に犯されました」と答えたのです。会場からはどよめきの声が上がりました。国や人種が違っていても、12歳の処女喪失は衝撃だったのです。

次なる肉体労働者風の青年の質問は、「これまでの男性経験の数」についてでした。AV女優さまは「1万人」とお答えになりました。風俗嬢をやっていたので嘘ではない、これまた正直な数字でした。集まった満場の中国人からは、ショックのあまり寂《せき》として声が上がることはありませんでした。

次なる学生風の青年の質問は、「これまで男性からもらったモノで忘れられな

第7章　私の辞書には引退という文字はございません

制作、監督、脚本、主演、カメラと一人５役でなんでもやってやるの心意気の撮影シーンの１コマ

いモノは?・」にまたしても正直者のＡＶ女優さまは、「淋病」といい放たれたのです。一瞬、時間が止まったような空気が会場に流れました。気が付けば１５０人ほどの公安警察が会場を取り巻いている姿がステージの壇上から見えたのです。

その中の隊長と思われる人物が通訳氏に近づき険しい顔をして何やら話をしました。万事休す、米国での３７０年の懲役刑が頭を過《よぎ》りました。通訳氏は厳粛な顔で隊長の次の言葉を私に伝えたのです。

「次の公演時間には俺さまの席を一番前にとってほしい」と。

かくて中国公演は大盛況のうちに幕を下ろすことができたのでした。

100　世の中の美醜などは主観的なものです

上海での「大人のオモチャ国際見本市」にご招待を受けた夜、ついでに自分の経営しているクラブのイベントでＡＶ女優の踊りを披露してほしいと主催者の男性から頼まれました。提示された日本では考えられないほどの破格のギャラに心動かされ、同行していたＡＶ女優さまに協力をいただき、そのイベントが催されるクラブへ向かったのです。

クラブは上海でも一、二を争うといわれる大箱で、広い駐車場にはランボルギーニなどのスーパーカーが並んでいました。通訳氏によれば、それらはこのクラブの常連客が乗りつけてきたもので、皆20代の若者だというのです。

クラブの入り口では飛行場にあるような金属探知機を通りました。来場する客の中には酔って喧嘩したり、大暴れをする粗暴な者もいるので、用心のために武器の検査をしているという話です。

入り口には厚い防弾チョッキを着た警備スタッフの姿がありました。万が一のことがあったら彼らがあなたたちを守るから大丈夫、という経営者男性の話でしたが、物騒な場所に来たものだと恐れを抱いたのです。

その恐れが現実のものとなったのは、トイレに行った時でした。トイレの出入り口のところに若い男女がそれぞれ10人ほど並んでいました。経営者によれば、それぞれが来場するお客を相手にする売春夫であり売春婦だということです。

近くに小さな屋台がありました。通訳氏によれば、屋台の上には覚醒剤やLSD、大麻、コカインといった違法薬物が並んでいたのです。それをトイレ帰りのお客が無造作に求め、ポケットに入れて立ち去って行くのでした。

改めてクラブの中の客を目を凝らして見ると、いずれの客も正気を失った目をしています。会場には8ビートの激しい音楽が流れ、赤、青、黄のライトが点滅し、異様な雰囲気を醸し出しています。これはとんだ「魔界」に入り込んだものだ、と気を引き締めました。もし何かあって、同行したAV女優さまに傷がつくようなことがあったら、と思うと今すぐにでも逃げ出したい気持ちになったのです。

ステージでは中国人のダンサーが踊っています。続いてウクライナの極め付き美女のセクシーダンスが始まりました。が、観客はステージに目をくれることなく仲間同士で語り合い、踊っています。場内に「日本のＡＶ女優が登場します」とのアナウンスが流れました。すると「ワーッ」とばかりの歓声が上がったのです。

今更でしたが、いかに日本のＡＶ女優の人気が凄まじいかを改めて思い知らされた場面でした。

１０００人余りの超満員の観客を前に、ＡＶ女優さまはステージで踊りはじめました。それまでの中国人やウクライナ人のダンサーと違うのは、こぼれるような笑顔を、熱く見つめる観客に振りまきながら踊っていることです。すると興奮した観客の中国人の青年が突然、ＡＶ女優さまに近づき、下から足首を摑んだのです。

101 人を変えることはできません。ストレスのない人生を生きるためには、自分が変わるしかありません

日本から同行したＡＶ女優がダンスパフォーマンスのさなか、ステージ下の興奮した中国人青年に足首を摑まれた時は愕然《がくぜん》としました。日本ではそうした暴漢の行為は考えられないことだったからです。酒とクスリに溺れた青年たちの巣窟と化した上海のクラブで、その〝考えられないこと〟が起きたのです。

彼女を助けるためにステージに駆け上がろうとしたその時に、足首を摑まれたＡＶ女優は慌てず騒がず、まるで牛若丸のようにヒラリと体をヒネって中国人青年から逃れ、間一髪のところで無事でした。ステージ上のＡＶ女優の見事さは、その後の振る舞いにありました。

足首を摑み損ねた中国人青年に向かい「ダメよ」とばかりに顔の前に立てた人差し指を時計の振り子のように左右に振って見せたのです。そしてイタズラっぽ

い笑顔を見せながら、件の中国人青年にウインクを送り、投げキッスまでプレゼントしたのでした。その鮮やかなトラブル対応能力に満場の観客からヤンヤの喝采が上がりました。前座を務めたウクライナ人や中国人のダンサーであれば、血相を変えて相手の中国人青年を罵るところでしたが、日本のＡＶ女優は違ったのです。サラリと笑顔でかわしながら尚も踊り続け、万来の拍手のうちにステージを下りたのでした。

ステージ裏で待機していたスタッフやボディガードは賛辞の拍手で日本のＡＶ女優を出迎えました。同行の通訳氏によれば、彼らは口々に「何と素晴らしいプロフェッショナルの根性だ」と褒め称えていたとのことです。

それにしても危険な場所でした。クラブ経営者の男に、「お客のほとんどは酒とクスリで正気を失っているが、トラブルの心配はないのか」と尋ねると、「日常茶飯事だ」との答えが返ってきたのです。「隠し持っていたナイフで客同士が殺し合いを始めることもあるが、そうした場合に備えて店の警備スタッフには厚い防弾チョッキを着せ、入り口には公安警察を常時2、3人待機させている」というのでした。

中国にはヤクザは存在しませんが、ミカジメ料をとって店を守っている公安警察が「ヤクザの用心棒」なのです。「店の中でクスリ絡みの殺傷事件が起き、責任者が懲役に行かなければならなくなった時には、短期の懲役、長期の懲役、死刑、の3段階に分け、ダミーの支配人が店の奥の事務所でいつもスタンバイしている。金のために死刑囚になることを厭わない人間は中国にはいくらでもいる」と、上海でこうしたクラブを他に2軒経営していると自慢の経営者の男は、太った腹を揺らし不敵に笑うのでした。

タクシーでホテルに戻る途中、気を失い、目が覚めたのは翌朝ホテルの部屋のベッドの上でした。

最後にクラブの経営者が出してくれたコーヒーに、「スペシャルサンクス」の何かクスリを盛られたせいでした。

102 新型コロナより100倍怖いのは貧乏です

大都市の上海の高層ビル群から一歩路地裏を入れば、幼な児を連れた物乞いの母親の姿があります。自分が努力することでしか幸せになれないといえども、社会の割れ目からこぼれ落ち、底辺で喘いでいる人たちが少なくありません。中国の各都市には「カラオケ」の看板を掲げる酒場があります。そこでは経営者が公安警察にミカジメ料を払い、酌婦として働くカラオケ嬢による「春を売る」姿があります。多くは田舎に両親や夫や子供を残し、貧しい田舎から出て来て都会で体を売りながら「愛する者のために犠牲を厭わない」女性たちです。

上海在住の貿易会社の日本人社長から「カラオケ嬢が300人在籍する日本人専用のカラオケ店がオープンしたから行こう」と誘われました。同行者はもう1人、社長の右腕という中国人の副社長です。30代の若者で日本に滞在したことがあり、日本語を流暢に話す男でしたが、只者でない雰囲気を持っていました。カラオケ店では個室に20人ほどのカラオケ嬢が入れ代わり立ち代わり現れ、日中友好の宴がつつがなく過ぎていきました。

深夜、ホテルに戻り寝入っていた時です。突然、隣の部屋から女性の叫び声が聞こえてきました。何事か、と飛び起き廊下に出てみると、隣の部屋の中国人の副社長の部屋から女性が飛び出してきたのです。昨晩、宴に参加していたカラオケ嬢の一人でした。

彼女を追って上半身裸でパンツ一丁の中国人副社長が現れ、カラオケ嬢にキックを浴びせ、その場にうずくまった彼女を尚も足蹴りにしたのです。

私を見ると彼女は必死の形相で助けを求めて来ました。膨れ上がった顔からは鼻血が流れています。その姿が小学校時代、公園でオデンの屋台を引いていた母親が酔客に絡まれ暴力を振るわれたあの時の姿に重なりました。思わず「やめろ」と中国人の副社長の腕を摑み、彼女を逃がしたのです。

「何事だ」と知人の日本人経営者も姿を見せると、件の副社長は薄笑いを浮かべ、「あのカラオケ女は寝たフリをして財布をベッドの上に放り出しておいたら、まんまとひっかかって財布から札を抜きとった。これ幸いと、殴って、売春代を払わずにすみました」と得意げに語ったのです。

何という奴だ、と不快でなりませんでした。それからこの副社長の中国人男の顔を見るのも嫌になりました。いかに社会保障制度が充実しておらず、自助努力でしか生きられない弱肉強食の社会であろうとも、野郎の振る舞いは鬼畜のものとしか思えぬものだったからです。

それから2年ほど経った頃です。知人の貿易会社社長の会社は副社長の中国人の男に「億」の金を使い込まれ倒産しました。社長はそればかりか「詐欺」の容疑で逮捕されたのです。すべては証拠隠滅をはかったアノ鬼畜男が親しい公安警察に頼んだ策謀でした。

初出・週刊アサヒ芸能連載「全裸で出直せ!」より
加筆・修正しています

「全裸監督」の修羅場学

第1刷　2021年7月31日

著者
村西とおる

発行者
小宮英行

発行所
株式会社 徳間書店
〒141-8202　東京都品川区上大崎3-1-1 目黒セントラルスクエア
電話　編集（03）5403-4332
販売（049）293-5521
振替　00140-0-44392

装丁・本文デザイン
鈴木俊文
（ムシカゴグラフィクス）
組版
キャップス

印刷
株式会社 廣済堂

製本
東京美術紙工協業組合

ISBN978-4-19-865321-7